\ 授業・校務が 超速 に！ /

さる先生の

Canvaの

教科書

基本からAI活用まで！

Canva認定
教育アンバサダー

坂本良晶

学陽書房

はじめに

　はじめまして、京都府で公立小学校教員をしている坂本良晶と申します。Teacher Canvassador（Canva 認定教育アンバサダー）として、Canva を使った授業、学級経営、働き方などの発信もしています。

　Canva はネット上で使える無料のデザインツールです。最近、半分本気で言っていますが、教師にとって「Canva はインフラ」です。自分は水、電気、Canva と言っても過言ではないぐらい、Canva を日々使っています。
　その秀逸なデザイン性、直感的な操作性、そして子どもの創造性や協働性を育むという多くの強みを感じています。何より、授業に彩りが生まれ、毎日が楽しくなります。そして仕事の効率性も上がり、早く帰れるようにもなります。
　本書は Canva を授業や校務でどんなふうに使えるか、これまで実際にやってきた豊富な実践事例とともに伝える本です。

　本書の企画の発端は、おかげさまで発売 5 日で 1 万部の発行が決定された『生産性が爆上がり！　さる先生の「全部ギガでやろう！」』（通称：全ギガ）の中に「Canva だけで一冊の本が書けるレベル」とうっかり書いたことでした。結果、その 2 か月後にこの本を出すことが決まり、猛ダッシュで書き上げました。
　今回は、まだタブレットを使った授業が苦手な方にも手に取りやすいように全ページフルカラー、そして写真メインにしました。AI 活用という最先端の実践も盛り込んでおり、全方位の実践本として磨き上げました。「あ、使える」と思ったところからぜひ使ってください。
　さぁ、Canva で子どもも教師もハッピーな学校にしていきましょう。

坂本　良晶

第 **1** 章　教師の仕事を変える Canvaとは？

第 **2** 章　Canvaの基本的な使い方を知ろう

第**3**章
教師の作りたいものも自由自在！
学級経営での活用法

第4章　子どもの学びのアウトプットをCanvaで!
授業での活用法

第 **5** 章 教師の働き方にも効く！
Canvaを効率化へ活用

Canva の機能の操作方法の索引

※本書全体としてテンプレートを使って制作しているもの
全般を便宜上、「スライド」と称しています。

第 **1** 章

教師の仕事を変える Canvaとは？

日本の教育シーンが変わる！
スーパースターアプリ Canva

Canvaはもはやインフラのレベル

　Canva は僕が最も活用するアプリです。何に使うのか。それは全部です。国語や算数はもちろんこと、体育や家庭科といった授業でも使います。掲示物や学級通信を作るのも Canva です。研究授業のデータ集約も、修学旅行のしおりも。水道や電気と同じように毎日使います。そう、もはや **Canva はインフラ**と言っても過言ではない存在になっています。

▶▶ こんなアプリ！

　Canva は数年前までは、オンライン上のデザインツールでした。専門知識やデザインスキルがなくても、直感的にハイセンスなデザイン作業を行うことができることで人気になりました。

　そして、現在はデザインの用途だけでなく、そのデザイン性、直感性はそのままに、ビジネスシーンで多く使われるようになりました。さらに、最近では教育現場にも広がりつつあります。

　マイクロソフトの Word、Excel、PowerPoint、このあたりは多くの先生が仕事で活用したことがあるはずです。機能的にはこれらに劣ることは否めませんが、その分、**デザイン性と直感性において優位にあるのが Canva** だと言えます。その優位性は、学校で子どもたちが使う際に大きなメリットになることは想像に難くありません。

　また協働的な学び、個別最適な学びが叫ばれる今日において、コラボレーション機能が豊富な Canva は、日本の教育シーンを大きく変える可能性を秘めているのです。

文書、プレゼン、動画まで何でも作れる、何でもできる!

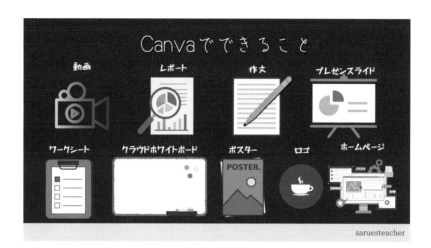

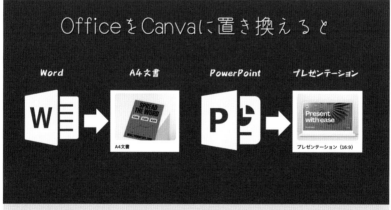

┤ POINT ├

直感性とデザイン性に優れている
Word や PowerPoint などの代替となる
教師と子ども、子ども同士で簡単にコラボレーションが可能

GoogleやMicrosoftのアカウントですぐスタート！

さぁ、Canvaを
はじめよう

やりたくなったら3分でスタートできる

　うんうん、わかった。Canva が何かすごそうなことはわかった。でも、どうやったらはじめられるの？　難しい登録をしないといけないの？　そう思われる方が結構多いです。しかし、登録はカンタンです！　Google、Microsoft、Apple 等のアカウントさえあれば、それを使ってサインインすることで、3分もかからずスタートすることができます。

▶▶ すぐにできる！

　では、Canva をスタートしましょう。**まずは上の QR コードか検索で Canva のウェブサイトにアクセスします（canva.com）。**すると右頁のような画面が現れます。おそらくほぼ全ての自治体で、Google、Microsoft、Apple いずれかのアカウントは発行されているはずです。Google、Microsoft、Apple から該当するものを選択し、アカウント名とパスワードを入力すれば OK。次に Canva で使用する名前とメールアドレスを設定すれば、これだけで Canva の世界へ入ることができます。登録を進める中で教師として使うと答えると、そのまま Canva for Education の申請もできます（Canva for Education については P18 を参照）。2回目以降は特に入力せずともすぐにスタートすることができます。

　なお、**Canva はウェブアプリなので、端末の中に Canva のアプリをインストールする必要がありません。**ブックマークさえすればいつでも使うことができます。端末内のストレージを圧迫することもありません。アプリをインストールするために、教育委員会に申請して何週間もかかるといったパターンもよくありますが、そういった問題をそもそもクリアできるのが、この Canva の強みでもあります。

Google、Microsoft、Appleの
アカウントがあればすぐにスタートできる

こう
できる！

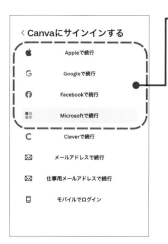

②自分の自治体のアカウントの種類をクリックして、出てきた画面に答えていく（アカウントの種類によりこの後の画面が変わります）。➡使用可能に！

①Canva の最初の画面で登録をクリックする。

アプリのインストールが不要！

アプリがインストールできた方が子どもたちはすぐに使えるので便利ではありますが、なしでも全然大丈夫です。SafariやChromeにブックマークしておけば問題ありません。

┤ POINT ├

① Canva のサイトにアクセス
② Google、Microsoft、Apple 等を選択
③アカウント、パスワードを入力し、サインイン

実際にさわってみよう！

Canvaに入ってみよう!!
何か作ってみよう

早く、 おしゃれに、 簡単に

Canva にサインインできて、はじめに目に飛び込んでくる画面を見たら、多くの方は「こんなにいろいろ使えるの！?」とびっくりするでしょう。素敵なデザインのテンプレート（以下、テンプレ）であふれています。**好きなテンプレを選んで、何でも作れます**（操作方法は第 2 章で紹介します）。

▶▶ こんな感じ！

ログインしてホーム画面に入ると、検索窓があります。たとえば「チラシ」と入力し、出てきた中から直感的によいなぁと感じるものを一つ選んでみます。

すると、よさげなサッカーのものが見つかりました。テキストボックスを選んで、文字を打ち変えるだけで、すでによい感じのサッカー大会のチラシの完成です。Canva の本質は早く、おしゃれに、簡単に、です。**変にいろいろといじるより、そのテンプレのデザイン性を活かすことが大切です。**

ホーム画面で「チラシ」と検索。するとたくさんのテンプレートが出てきます(右頁画像)。

テンプレのデザイン性を最大限活用し、早く、おしゃれに、簡単に

こう作れる!

たくさんのおしゃれなテンプレートから選び、文字を変えるだけでも十分おしゃれに!

Canva for Education に申請しよう

Canva for Educationなら無料で全ての機能が

しばらく Canva を触っていると、「Pro」という表記のあるテンプレや素材がたくさんあることに気づくと思います。これは Canva Pro という有料プランに入っているユーザーのみが使えるものです。でも、使いたくなるものがたくさんありますよね。実は、**教員専用の Canva for Education というものに申請することで、これらが教員も子どもも無料で使えるようになります。**

▶▶ やってみよう！

Canva for Education に申請するために**必要なものは『教員免許』の写真のみ**です。まずはスマホでパシャっと撮りましょう。

次に右下の QR コードをスキャン、そして氏名や勤務校の名前を入力、最後に教員免許の写真をアップロードして送信すれば完了。早ければ数時間後に Canva 本社より「Canva for Education へようこそ！」という申請承認メールが届きます。驚きの速さ。キャーーンバ。（某洗剤 CM のメロディで）
以前までは申請がなかなか通らなかったのですが、現在は簡略化され非常にスムーズに申請が通るようになりました。

あとは「生徒をクラスに招待する」のリンクを子どもとシェアするだけ。これで Pro でしか使えなかった素材や機能が解放されます。

Canva for
Education 申請

こうできる！ Canva for Educationに申請し、子どもを招待しよう！

● 生徒の創造性の世界を広げる

- ✓ 世界中の教師と同じように、生徒たちと一緒にCanvaを使用できます。
- ✓ すべてのCanva for Teams機能を無料で利用できます。
- ✓ 生徒は個人のアカウントを取得して、クラスにもアクセスできます。
- ✓ 一人で、またはグループで取り組む、インタラクティブなアクティビティを共有できます。
- ✓ デザインは、あなたがクラスに公開しない限り、非公開となります。

> 🔗 生徒をクラスに招待する

後で

「Canva for Educationを活用するメリットは、生徒たちが創造力を発揮する瞬間に立ち会えることです」

George Lee
バルボア高校

Canvaは世界中で200万人以上の教育関係者から愛用されています

CANVAを使用している教育機関の一例
MACQUARIE　SEMINOLE ISD　DENVER PUBLIC

教師も子どもも機能解放！

「生徒をクラスに招待する」のリンクを子どもにシェアすれば、子どもも全ての機能が使えるようになります。素材はもちろんのこと、背景透過といった便利ツールに加え、一部制限はありますが、AIツールも使えるようになります。

┤ **POINT** ├

有料プランのProでしか使えないテンプレ、素材、機能がある
Canva for Educationに申請すれば全て無料で使える
教員免許の写真を送れば数時間で承認される

Column 1

Canva CEOのメラニー

　Canvaを使い始めたのは、5年ぐらい前でしょうか。当時はデザインツールであり、ブログのヘッダーを作るために使ったりしていました。こんな簡単にこんなおしゃれなデザインができるなんて、と驚きを隠せませんでした。

　このCanvaという会社は2012年に創立された企業です。では、一体どんな人が作ったのでしょうか。それはメラニー・パーキンス（Melanie Perkins）という、オーストラリアの若き女性（当時25歳）なのです。ちょっと世界でも例を見ないパターンです。2019年にはForbesの世界のベスト30under30に選出されるなど、その名は世界に轟いています。

　わずか10年でアクティブユーザー数がマイクロソフトを超えるなど、想像を絶するスピード感で信頼を勝ち得てきました。

　そして、Canvaは教育のプラットフォームとしてのシェアも広げてきています。ビジネスツールではなく、デザインツールとしてスタートしたこのCanvaは、まだ未熟な子どもたちが使うツールとしてより高い親和性を生んでいると感じます。

　いずれにせよ、若い女性がオーストラリアというビジネスの視点で見た場合ローカルな地からスタートさせたこのCanvaが、世界中の教室で使われ笑顔にしていくというストーリー、最高にカッコいいなって、そう感じています。

第 **2** 章

Canvaの基本的な
使い方を知ろう

\ 直感的ですぐわかる! /

Canva の基本操作

 まずホーム画面でデザインの種類を選ぼう!

検索窓に「チラシ 桜」などとキーワードを打ち込み、出てきたテンプレからよさそうなものを選びます。

---

2 テンプレートを検索して選ぼう!

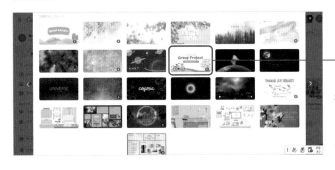

桜のイメージのテンプレがたくさん! 今回はこのテンプレを選び、クリック。

3 「このテンプレートをカスタマイズ」をクリック！

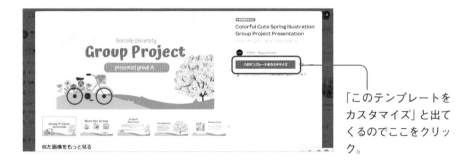

「このテンプレートを
カスタマイズ」と出て
くるのでここをクリッ
ク。

---

4 カスタマイズの画面（編集画面）へ。機能がいっぱい！

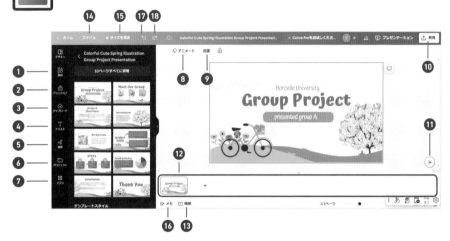

❶ **素材** ── 図形・画像・オブジェが選べる
❷ **ブランドハブ** ── チームの作品・プロジェクト管理
❸ **アップロード** ── 手持ちの画像や動画データのアップロード
❹ **テキスト** ── テキストボックス作成やフォント変更など
❺ **描画** ── 絵や文字を描ける
❻ **プロジェクト** ── 作った作品はここにある
❼ **アプリ** ── ここにさまざまな機能がある
❽ **アニメート** ── 動きをつけられる

❾ **配置** ── 配置替えに
❿ **共有** ── 子ども等への共有や印刷等の出力
⓫ **AI機能**が使える
⓬ 作ったページがここに並ぶ
　　タイムラインとしても使う
⓭ **時間** ── 動画や音楽の時間管理
⓮ **ファイル** ── コピー、フォルダに移動等
⓯ **サイズを変更** ── サイズ変更
⓰ **メモ** ── プレゼン用メモ用
⓱ **元に戻す**
⓲ **操作をやり直す**

5 言葉や文字のフォント・大きさ、色を変える

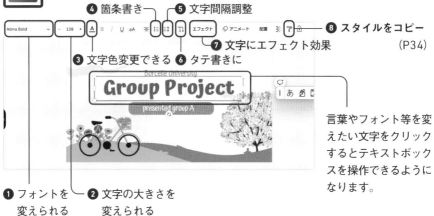

❹ 箇条書き ❺ 文字間隔調整

❸ 文字色変更できる ❻ タテ書きに
❼ 文字にエフェクト効果
❽ スタイルをコピー（P34）

❶ フォントを変えられる
❷ 文字の大きさを変えられる

言葉やフォント等を変えたい文字をクリックするとテキストボックスを操作できるようになります。

---

6 新しいテキストボックスを作る

編集している画面上で「T」のキーを打つと新しいテキストボックスができます。

---

7 画像を編集する、差し替える

「三輪車の子どもも入れたい」など他の画像を入れたいときは「素材」から検索するといろんなイラストや写真も使えます。

画像をスクリーントーン調にしたいときなどに「画像を編集」を使います（エフェクト）。

編集したい画像をクリック

図形や画像の透明度を変えられる

8 オブジェや背景の色を変える

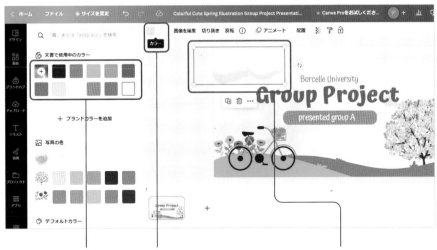

❸「白」から変更する
色をここで選べる
ので選ぶと「白」か
ら選んだ色に変わる

❷ 今の色が示される。
「白」を変えたいの
で「白」をクリック

❶ 色を変えたいもの
をクリック

- -

9 背景、動画等を差し込みたいときは？

画面の一番左端のアイコン
の列から「**アプリ**」をクリッ
クすると、上に「Canva ア
プリの検索」という検索窓
が出てきて、検索窓の下の
メニューを下にスクロール
すると、「グラフ」「写真」「一
括作成」「オーディオ」「背
景」「動画」「翻訳」などいろ
んなものを差し込めるよう
になります。ここにいろん
なアプリとの連携があるの
で要チェック！

Canvaで編集したい手持ちの写真・画像を Canvaにアップロードしてスライドに入れたい

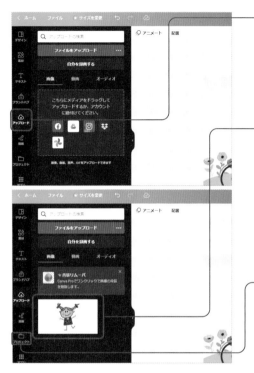

❶画面左端の「アップロード」をクリック。「ファイルをアップロード」をクリックして、使いたい画像ファイルを選んで「開く」をクリックするとアップロードできる（使う画像データがPDFのときは❸へ）

❷アップロードされると画面左に表示される。ここから編集画面にイラストをドロップすると、そのままイラストが画面で編集可能になる（P58で出てくる「背景リムーバ」もここに出てくる。背景を透過できる機能がある）

❸PDFデータをアップロードした場合は、❷の画面が出ず、アップロードアイコンの下の「プロジェクト」のところに画像データが入ってくるので、「プロジェクト」をクリックし、使う画像を選ぶと「デザインを埋め込む」と出てくるので、それをクリックすると、編集しているスライドに画像が入る

ページの複製・追加・削除・非表示・ ロックをしたい

ページタイトルを追加 🖉	
↧ ページを追加	Ctrl+Enter
🗐 1ページを複製	Ctrl+D
🗑 1ページを削除	DELETE
👁 1ページを非表示	
🔒 1ページをロック	Alt+Shift+L
🖵 ホワイトボードに展開する	
▷ 切り替えを追加	
🗒 メモ	

❶ここの「…」をクリック

❷上のメニューが出てくるので必要な機能をクリックして使います。

12 ホワイトボードに展開する（P84で使用）

「もっとこのスライドの領城を広げて、たくさんの人が書き込むスペースがほしい」というときは、**11**の**②**のメニューに出てくる「**ホワイトボードに展開する**」をクリックすると、通常のスライドの周りにも書き込みできるようになり、広く使えるようになります（P84に詳細）。

---

13 アプリの呼び出し方

❶ 編集画面の左端の「アプリ」をクリック

❷ この検索窓に薄い字で「Canvaアプリの検索」と出たら、呼び出したいアプリ名を入力して検索。アプリが出たらクリックすると使えるようになる

データの一時保存や保存等をしたい

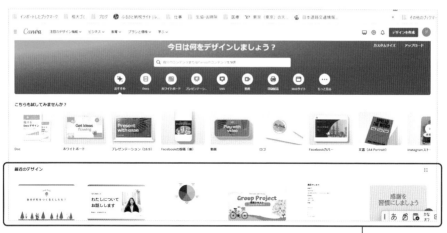

❶[データの一時保存]

編集していたデータは何もしなくても一時保存状態で残ります。ホーム画面を下にスクロールしたところにある（最近のデザイン）のところにそれらが一覧できます。

最近のデザインとしてここに一時保存データが一覧できる

ここをクリックするとファイルの保存等のメニューが出る

❷[データに名前をつけて保存]

画面の「ファイル」の部分をクリックするとファイルの保存・コピー作成・ダウンロードができるほか、ファイルのインポートもできます。

編集画面で使えるショートカットいろいろ！

テキスト	線	円	四角
T	**L**	**C**	**R**

コピー	ペースト	グループ化
⌘＋C	⌘＋V	⌘＋G

複製	一つ前に戻る	背面に配置
⌘＋D	⌘＋Z	⌘＋[

要素を10pxずつ移動	グループ化解除
shift＋ ↑←↓→	⌘＋shift＋G

複数選択	後ろの要素を選択
shift＋クリック	⌘＋クリック

⚠ Windowsの人は⌘をCtrlに置き換えてね！

can-sil.com

上記は編集画面で使えるショートカットキーです。
上記画像提供／Twitter：ぺち丸@Pechimaru_life

豊富なテンプレを使いこなす

無限のテンプレが使える！

文書もプレゼンもポスターも

　文章の作成やプレゼン用の資料、ポスターづくりなどさまざまな表現をする上で、ゼロから作るとなるとデザインが難しい上に、時間がかかります。でも、**テンプレから作ることで、より早く、より質の高い成果物を作ることができます。**

▶▶ やってみよう！

　Canva には、さまざまな素敵なテンプレがあります。Docs では Word 的に使える文書が、プレゼンテーションでは PowerPoint 的に使えるスライドが作れます。ベーシックなものからマニアックものまで多種多様です。

　ホーム画面の検索窓に試しに「プレゼンテーション　春」と入力し、検索してみましょう（**画面操作は P22 の1参照**）。すると目移りするほどたくさんのスライドが出てきます。表現したいイメージの言葉を打ち込んで、いろいろ検索してみてください。

ポスター（縦長）

ワークシート

インフォグラフィック

検索窓に「春」と打ち込んで 検索すると無数の春のテンプレが!

こうできる!

ここに検索ワードを入れるとたくさん出てくる。

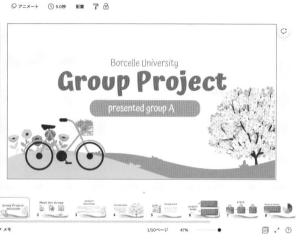

雰囲気をワンタップ でチェンジ

「デザイン」から「スタイル」のタブを選択し、好きなスタイルを選択することでスライドの雰囲気をワンクリックで変えることができます!

┤ POINT ├

デザインの検索窓で「春」と検索
無数の春をテーマにしたテンプレがヒット

無限の素材を
使いこなす

フリーで使える素材が無限に

　これまで子どもたちが何かタブレットを使って表現しようとしても、著作権等の関係で素材を自由に使うことができませんでした。しかし、**Canva では無数に存在する素材を使ってクリエイティブな表現が可能になります。**Canva を活用する上で最も重要な素材の特徴について見ていきましょう。

▶▶ やってみよう！

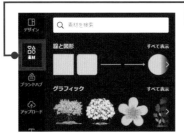

画面左端の「素材」をクリックするとさまざまな素材が出てくる。

さまざまな素材

　「素材」の検索窓を開くと、そのテーマに沿ったさまざまな素材が出てきます。**グラフィックをはじめとし、写真、動画、そしてオーディオ（音楽）までも使えます。**

　また、線と図形、グラフ、表なども使えるので、自在に組み合わせていけば、もはや作れないものはないといっても過言ではありません。

　有名な観光地や人物などの写真等も含まれているので、活用できるシーンは無限大です。

「ここに桜をあしらいたいな」という とき検索すれば選び放題の素材が!

さくらの素材

グラフィック　　すべて表示

動画

10.0秒

写真

オーディオ　　すべて表示

Cherry Blossom
Acoustic • Small Emotions • Dreamy •…
2:10

Cherry Blossoms
Film • Classical • Romantic • Laid Back
1:36

有能なCanvaアシスタント

何か素材を増やそうと思っても、ほら、デザインのタッチが違うとチグハグな雰囲気になってしまいますよね。でも、右下🌟をタップしてAIによるCanvaアシスタントを立ち上げれば、無数の素材の中から現在のスライドに合うものを提案してくれます。有能すぎるぜ、Canvaアシスタント!

POINT

グラフィックを中心として多種多様な素材が存在
最後に微調整をして完成!

フォントの機能性は最強クラス
個性的なフォントを
使いこなす

豊富なフォント機能

　これまでの文書作成ソフトは、日本語のフォントのバリエーションが少ないことがネックでした。しかし、**Canva では非常に豊富な日本語フォントがあります。**これにより子どもたちの文字による表現の幅が大きく広がりました。また Word 等と同様に箇条書きや均等割付けといった基本的なことも直感的な操作ですぐにできます。

▶▶ やってみよう！

　おすすめの機能をいくつか紹介します。以下の機能を画面のどこで操作するかは P24 の ⑤ にまとめました。

　まずは**T↓（通称：Ｔ下）**による、**縦書き化**。これは Google 系の端末では現在できない仕様なので重宝するという声をよく聞きます。詩などの表現のときには縦書きのほうがしっくりきますよね。

　次に**スタイルコピー（通称：ペンキ）です。これは指定したフォントのコピーをし、他のテキストへコピーする**という痒いところに手が届く機能。複数人の共同編集をするとフォントがバラバラになりがちですが、これなら手軽に統一感を出すことができます。

　また、背景の上にテキストを置くとめちゃくちゃ見にくい問題が起こります。そこで、おすすめなのが背景に図形を配置し、半透明にする方法。めちゃくちゃ見やすくなる上に、洗練された感じになります（当社比）。P74 の説明を参考にスライド上に「図形」を配置し、さらに P88 の「透明度」の操作を使って図形の透明度を 50％ にすると、右頁の例のように、文字を読みやすくできます。

無数のフォントから好きなものを選んだりできる！

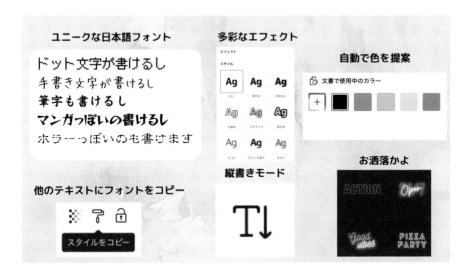

ユニークな日本語フォント

ドット文字が書けるし
手書き文字が書けるし
筆字も書けるし
マンガっぽいの書けるレ
ホラーっぽいのも書けます

他のテキストにフォントをコピー

スタイルをコピー

多彩なエフェクト

エフェクト
スタイル

| Ag | Ag | Ag |
なし | 影付き | 浮き出し
| Ag | Ag | Ag |
中抜き | スプライス | 袋文字
| Ag | | Ag |
エコー | グリッチ加工 | ネオン

縦書きモード

T↓

自動で色を提案

文書で使用中のカラー

お洒落かよ

こんなに文字が読みづらい画像も…

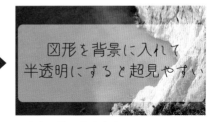
こんなに読みやすく！

POINT

豊富な日本語フォントで表現の幅アップ
T↓でうれしい縦書き対応
見にくいときには背景に半透明の図形を配置

Canvaでスライドを共有して授業しよう！
クラウドシフトのはじめ方

GIGAの本質・クラウドシフト＝共同編集×相互参照×相互評価

　子どもたちが活動する場がそれぞれのタブレット端末の中から、クラウドにシフトさせることで協働的な学びが実現できるようになります。

　同じデータを同時に作業できる**共同編集**、子ども同士でお互いに見合うことができる**相互参照**、子ども同士でお互いにほめ合ったりフィードバックし合ったりする**相互評価**、この３つのメリットが生まれます。

▶▶ やってみよう！

　クラウドで学習するためには、まずスライドなどのファイルを子どもたちと共有することが必要です。スライド等の編集画面（**P23の4参照**）の右上にある①「**共有**」をクリック、②コラボレーションリンクを「**リンクを知っている全員**」に変更、③**リンクをコピー**をします。

　そして、そのリンクをマイクロソフトの Teams やグーグルの Classroom に送り、子どもたちがそのリンクをクリックしたら完了。これで全員がそのファイルを**共同編集**、**相互参照**、**相互評価**ができる状態になります。

クラウドシフトで共同編集・
相互参照・相互評価が可能に

┤ POINT ├

元データを作成
リンクを取得し子どもたちと共有
共同編集、相互参照、相互評価が可能に

授業に使える！　相互参照で学び合う！
俳句づくりで「相互参照」

1人1枚のスライドでお互いに見合うことが可能に

　これまでの俳句づくりの授業では、子どもたちは、自分のノートに手書きをしたり、自分の端末上でタイピングをしたりして、表現していました。しかし、この状態では、自分の成果物しか見ることができませんでした。でも、**クラウド上で表現するようにすることで、お互いの成果物をタイムリーに見ることができるようになります。これが相互参照です。**

▶▶ やってみよう！

　俳句づくりの学習を例に相互参照について説明します。前ページの要領で、スライドを作成し、子どもたちに共有します。次にクラスの子どもの人数分のページを複製（P26の11参照）します。そして子どもたちには自分の名簿番号と同じ番号のページに自分の作品を作るように指示します。

　やり方がわからなかったり、アイデアが浮かばなかったりする子も、友達の作品を見ることで、できるようになるようなシーンが多く生まれます。

　一人学びと、みんな学びを子どもたちが自分の判断で常にできるようになります。

　なお、はじめは誤って友達や自分のスライドを消してしまうといったことが起こります。ここで大事なことはクラス全員が「ctrl＋Z」「command＋Z」を押して戻すというルールを作ることです。これにより誤操作があった場合のリカバリーができます。

　iPadを使っている僕のクラスではcommand＋Zを押すとき、「コマンドゼット!!」と、戦隊モノのような叫び声が響き渡ります。

やり方のわからない子どもは、友達の作品を見ることができる

こう
できる!

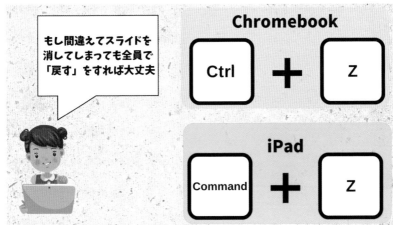

元となるスライドを作成し、子どもの人数分のスライドを複製
子どもたちは自分の名簿番号と同じ番号のスライドを使用
常に友達の作品を見れることで、学び合うことが可能に

授業に使える！　子ども同士で評価し合える！

俳句づくりで「相互評価」

コメントやスタンプ機能で相互評価が可能に

　子どもたちが作った作品を、「お互いに評価をし合うような活動をしましょう」って、よく指導書に書かれていますよね。しかし、実際にそれをするとなると結構難しい。付箋を使って書き合ったりすることをしましたが、その付箋をじゃあその後、一体どうするんだみたいな問題も。**そこで役立つのが、Canva のコメントとスタンプの機能です。**

▶▶ やってみよう！

クリックすると下のような
ウインドウが開く

コメントまたは@mentionを追加する

キャンセル　　コメ〔ント〕

スタンプできる

　スライドを選択して、右上に出る吹き出しマークをクリックすると**コメント入力**ができます。右頁の写真のように、正岡さんの作品に対して、コメントをつけられます。また、**シールのマークをタップすると、さまざまなスタンプを使うこともできます。**これなら、低学年の子どもでも大丈夫そうですね。

　また、作文を書く活動などにおいては、**お互いに読み合って推敲することもできます。**

　なお、教員の評価において大きなメリットがあります。作品のファイルを一つ一つ開いたりする手間がなく、**一気に評価することができます。**また授業中、常に全員分の活動が手に取るようにわかります。

友達からコメントやスタンプが来て喜ぶ正岡さん

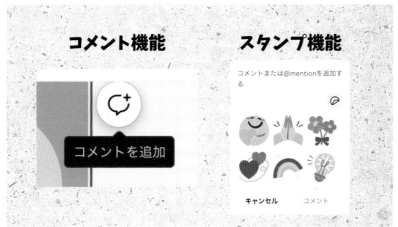

コメント機能

スタンプ機能

┤ POINT ├

吹き出しマークをタップして相互評価モードへ
コメントを追加で、文章で伝え合う
ステッカーマークをタップしてスタンプしてほめ合う

共同編集で一つの作品をみんなで作る

俳句づくりで「共同編集」

共同編集機能により協働的に作品を作ることが可能に

　これまでも、複数人で一つの成果物を作るような活動はありました。たとえば大きな模造紙を使った壁新聞です。しかし、物理的な制約により複数人で同時に書くようなことができず、交代で書くことにより時間のロスが起きていました。またマジックなどしか使えないため表現の幅も広がりませんでした。ここで満を持して登場するのが Canva の**共同編集機能**です。

▶▶ やってみよう！

　ここでは、４人１班で春夏秋冬の俳句を持ち寄り、句集を作るという活動を例にします。**１枚のスライドに４人が同時に編集することになります。**

　前頁までと同じようにページを複製（**P26 の⑪参照**）しますが、今回はクラスの人数分ではなく、クラスの班の数の分だけでオッケーです。子どもたちは自分の班の番号と同じ番号のページに自分の作品を表現します。子どもたちは班で、誰がどの季節の俳句を作るかを話し合いながら作業をしていきます。

　子どもたちの目線は、タブレットの画面に向いていますが、かなり活発な話し合いが生まれます。アイデアを交流したり、それいいねと伝え合ったり、役割分担の微調整をしたり。

　また、自分の班だけでなく、他の班の活動の様子も相互参照できるため、班を超えて学び合うような姿も見られるようになります。上手にできている班があったら「3 班が上手にできています。みんな参考にしてみよう！」といった声かけが効果的です。子どもたちは自席に座りながらクラス全員の作品を見ることができるのです。

班で活発に話し合いながら 共同編集をすることが可能に!

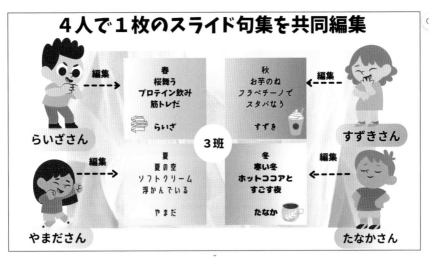

4人で1枚のスライド句集を共同編集

春
桜舞う
プロテイン飲み
筋トレだ
らいざ

秋
お芋のね
フラペチーノで
スタバなう
すずき

3班

夏
夏の空
ソフトクリーム
浮かんでいる
やまだ

冬
寒い冬
ホットココアと
すごす夜
たなか

編集　らいざさん
編集　やまださん
編集　すずきさん
編集　たなかさん

 32 - 2班 33 - 3班 34 - 4班 35 - 5班 36 - 6班 37 - 7班 38 - 8班 39 - 9班

相互参照をしつつ共同編集

グループ内での相互参照だけでなく、グループ間でのグループ参照ができることがわかると思います。らいざさんは同じグループのやまださんを、たなかさんは違うグループを参照しながら自分の作品を編集しています。

同じグループや他のグループを相互参照

┤ POINT ├

元となるスライドを作成し、班の数のスライドを複製
子どもたちは自分の班番号と同じ番号のスライドを使用
班の友達と協働的に表現することが可能に

テキスト生成AI「Magic Write」 で作文の見本を秒で書く

Canvaのテキスト生成AIで生産性を加速させる

　近年の AI の発展はすさまじいものがあります。特に「ChatGPT」の出現、世界に衝撃を与えました。これにより、テキストでの指示（プロンプト）により画像や文章を生成することができるようになりました。**Canva ではアプリ内でこういった AI を使って、校務や授業で活用することができます。**P44 〜 51 では Canva で使える AI の概要についてお伝えします。

▶▶ やってみよう！

　Canva にはテキスト生成 AI の「Magic Write」の機能があります。5 つ以上の単語を使用して書きたいことを説明したり指示したりすることで、文章を生成することができます。

　教師が国語の授業で作文の見本を作りたいときなどに圧倒的に便利です。まずはスライド右下にある の AI マークから「Magic Write」を選択し、書きたい作文に関するキーワードを打ち込み、生成させます。

　さらに文章を長くしたいときには「テキストを加筆」を指示します。その際、「3 段落」といったキーワードを入れることも有効です。また「テキストを要約」の指示で長い文章を箇条書きにまとめることも可能です。気に入らない場合は「書き換え」を指示すれば作文が再生成されます。

AI機能のマーク

AIで作文の見本を瞬時に生成

「Magic Write」で「夏休みの思い出作文　沖縄　飛行機　帽子の水　パイナップル」と入力する。

↓このように自動で生成！

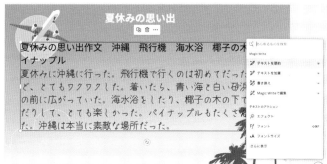

AIは必ずしも正しい事実をテキスト生成するわけではない

AIは瞬時に「っぽい文章」を書くことに関しては優れていますが、それは事実とは異なることも多いです。たとえば、事実とは違う文章が生成されることもあり、試しに47都道府県の県庁所在地と特産品をまとめさせてみたら、茨城に存在しない「水戸黄門あんかけスパゲッティ」が生成されたり。美味しそうやけど…。

４７都道府県の名産品

日本の各都道府県には、それぞれ独自の特産品があります。以下は、47都道府県の特産品の例です。

- 北海道：ジンギスカン
- 青森県：りんご
- 岩手県：南部せんべい
- 宮城県：牛タン
- 秋田県：きりたんぽ
- 山形県：米沢牛
- 福島県：会津若松のそば
- 茨城県：水戸黄門あんかけスパゲッティ
- 栃木県：とちおとめ
- 群馬県：十万石米
- 埼玉県：草加せんべい
- 千葉県：房総のあまご
- 東京都：築地市場のマグロ
- 神奈川県：横浜のカステラ

⊢ POINT ⊣

AIマーク✦をクリックし、「Magic Write」を立ち上げる

５つ以上のキーワードを入力して文章を生成

生成されたテキストを選択し、加筆、要約、書き換えで調整

CanvaでAIを使おう！②
画像生成AI「Magic Media」で アイデア出しをする

Canvaの画像生成AI「Magic Media」で創造力を拡張

　2022年にテキストから画像を生成するAIである「Stable Diffusion」等が登場しました。これにより、ありとあらゆる画像がすぐに生成できるようになり、そのクオリティは加速度的に向上しています。

　Canvaの「Magic Media」というアプリなら画像生成が可能です。この機能を活用し、よりクリエイティブな授業を展開させましょう。

▶▶ やってみよう！

　まずはアプリ「Magic Media」を立ち上げます（**アプリ呼び出しはP27の13 参照**）。次に生成したいイメージにつながるテキストを打ち込みます。すると複数の画像が提示されます。写真、アニメ、3D、水彩画など、約20種類のタッチの中から指定することもできます。

　社会科の授業で「コロナ禍で激減した京都市の観光客を呼び戻すには？」という課題解決型学習にチャレンジしました。子どもたちは「駅に案内舞妓ロボットを設置する」や、「京都の時代祭をロボットバージョンにする」といったアイデアを出し、画像生成をして表現しました。面白いことに、生成されたイメージからさらに新しいアイデアを思いつくなど、テキストと画像の往還により創造力を拡張する効果が確かに現れたのです。

※なお、同じように画像生成するアプリとして「DALL-E」（アプリ
　呼び出しはP27の13参照）も使えます（P102参照）。

Magic Media

「Magic Media」で脳内の アイデアを具現化する

こう できる!

これらの画像を使用する場合は、いくつかのルールが適用されます。詳しくはこちら

ロボット　織田信長　刀

テキストから画像を生成！ さらにテキストで指示を出して画像を部分修正！

「Magic Media」で「織田信長　ロボット　刀」のキーワードで生成した時の例。毎回4枚ずつテイストの違うものが生成され、イメージに合ったものを選べばOK。なお、1日あたりに生成できる枚数には限りがあるので注意が必要です。

┤ POINT ├

「Magic Media」のアプリを立ち上げる
テキストを打ち込んで画像を生成
テキストと画像の往還により創造性を拡張

CanvaでAIを使おう！③
画像修正AI「Magic Edit」でアイデアを発展させる

Canvaの画像編集AI「Magic Edit」で魔法をかける

　「Magic Media」によりテキストで指示、画像が AI により生成されることがわかったと思います。でも、細かいところがこちらの意図と違ったりすることがあります。そこで役に立つのが「Magic Edit」というさらなる AI機能。魔法のように画像を AI で修正してみましょう。

▶▶ やってみよう！

　「Magic Edit」は、指定した部分に指示をして写真を修正する AI 機能です。たとえば、「Magic Media」で生成した写真の一部分を修正させることもできます。
　まず、Magic Media（P46 参照）でゴミの分別をしないことに怒る妖怪を写真として生成しました。この妖怪の足の部分を炎のようにします。写真を選択すると画面の上に「写真を編集」と出てきます。それをクリックすると「Magic Edit」が選択候補に出てくるので、Magic Edit をクリックし、ブラシで変えたい部分を塗り、テキストにより指示します。すると、複数の案が提示され、それを選択すれば修正完了。文字通り、魔法のような機能なのです。また撮影した写真でも同じことができます。廊下から撮影した外の風景の写真、窓をブラシで塗って指定し、そこに「ハワイ　夏　海」と指示すると、一瞬で外の風景が南国になります。こんな学校、いいなぁ…。アロハー。また服をブラシで選択し、「ドレス　青　黄」と指示すると、これまた一瞬で着せ替えができます。さらに何もないところをブラシで指定し、「妖精　可愛い　青　黄　ドレス」と指示したら、対面する可愛らしい妖精さんが見事に登場しました。

Magic Edit

こう
できる！

「Magic Edit」でもはや不可能な ことはなくなる

Magic Editで部分的にAI修正

①指定した部分に指示

Magic Write

ブラシで選択

炎の足にしたい

複数の案が
提示される

②AIにより修正

炎の足に変化！

Magic Editで窓の外の風景を変える

Magic Editで着せ替えやキャラクターを生成

┤ POINT ├

編集したい箇所をブラシで指定

テキストでどう修正したいかを指示

提示された案から選択して決定

CanvaでAIを使おう！④

説明会資料などをAIで一括生成

A4資料から全てを生成!!

　これまで修学旅行等の複数の資料を作ろうと思うと、一つ一つWord等の資料を開けて日付等を打ち替えて…という非常に面倒くさい＆ミスをしやすい仕事でした。しかし、AIなら一つのA4文書のテンプレから一括で資料を作成してくれるんです、奥さん。「Docs」のテンプレでA4文書を作成し、そこから説明会スライドやしおりをAIで一括生成できます。

▶▶ やってみよう！

　まずはホーム画面の検索窓下にあるアイコン「Docs」か「A4文書」のテンプレで元となる資料を作成します。右のように、大見出し（遠足のしおり）、小見出し（めあて）、内容（・京都の文化に親しむ・外国人観光客に日本に対する

この「変換」をクリック！

イメージについて、インタビュー調査をする）と**レベル分けを意識して作成する**ことで、その後のAIによる生成の精度が上がります。

　完成したら上部のタスクバーにある**「変換」**をクリック。なんということでしょう、**魔法のようにスライドが生成されます**。これぞAI匠の技です。

CanvaのAIで資料の一括生成!

遠足のしおり

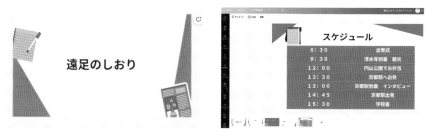

AIが生成したスライドを叩き台に微調整をすれば完成!正確!爆速!

9割方完成しているので、あとはイラストやフォントを微調整するだけ!

清水寺の素材を追加し、小さかったテキストを大きく

POINT

「Docs」で一つの元データを作るだけで日付等の整合性が一発で完璧に

AIが正確に生成できるよう元データの大見出し・小見出し・内容のレベル分けを意識しよう

最後に微調整をして完成!

AIという新大陸

　この章の最後では AI 活用について深めに斬り込みました。2023 年、お茶の間レベルでの賑わいを見せた AI ですが、人によってはこれを「流行り」ぐらいの捉え方をしている場合があります。

　確かに、この持ち上がり方を見れば、タピオカミルクティーのような一過性のブームのように感じるかもしれません。でも、AI は本質です。言うなれば、産業革命に匹敵するレベルのそれです。GIGA スクール構想における 1 人 1 台のタブレットは、言うなれば島レベルの隆起でした。それに対して AI は新大陸が発見されたようなもので、いわば人類史レベルのイベントなのです。

　産業革命により我々の生活のありとあらゆるシーンで機械の恩恵を受けており、それらを除去して暮らすことは不可能でしょう。そして取り除いて暮らすことも同様に不可能となることは自明です。よって、AI についても、子どもたちには「AI 活用能力」なるものを身につけて生かせる方向に舵をとる他に道はなくなるでしょう。おそらく、次期学習指導要領にはそういった文言が盛り込まれてくるはずです。

　まずは指導者が AI を活用できるようになり、ゆくゆくは子どもたちにも AI を手渡していく。そういった未来が教育の世界にも訪れることに我々は備える必要があるのです。

　でも、そんな変革の時に教育に携わっていることを、僕はラッキーだと思っています。最高にワクワクしたチャレンジができるのですから。

第 3 章

教師の作りたいものも自由自在!

学級経営での活用法

Canvaでアイコン作り！
アイコンを
「キャラクタービルダー」で

子どもそれぞれのアイコンを作ってもらおう！

　GIGA スクールが始まって以降、さまざまなアプリを活用する中で、自身の分身ともいえるアイコンを使うシーンが増えてきました。Canva のアプリの中に「**キャラクタービルダー**」というものがあります。これを使うことで誰でも簡単におしゃれなアイコンを作ることができます。

▶▶ やってみよう！

　「キャラクタービルダー」は、頭、顔、体の３つを選び、色を決定するだけの簡単な仕様です。「アプリ」から「**キャラクタービルダー**」を選択するとすぐ使えるようになります（**アプリを呼び出す操作方法は P27 の13を参照**）。子どもたちはコンピュータのゲーム等でアバターを作ることには慣れていることも多いです。その感覚で自分の分身として手軽に作り、それを日頃から使うことで自分のアカウント自体に愛着が湧いてきます。ここで作ったアバターを Teams や Classroom、そして Canva のアイコンにしましょう。

　デフォルトの状態だと、アイコンは名前の頭文字のひらがなの場合が多いです。（例：坂本良晶なら、『さよ』）これだと誰が誰だかパッと見てわかりません。しかし、アイコンだとクラスメイトはすぐに誰か判断することができます。

キャラクタービルダー
のアイコン

「キャラクタービルダー」で 子どもも楽しくアイコン作り

アイコンがとてもかんたんに！

頭、顔、体の３つを選び、色のトーンを選ぶだけ。
簡単だが組み合わせは無限！　名前を入れたり、
自分のアイデンティティや好きなものや好きな
イメージを表現する素材を入れるのもOK！　こ
の子どもは大好きな音楽を表現するためにピア
ノと楽譜を入れたそうです。とても素敵なアイコ
ンですね。

┤ **POINT** ├

「キャラクタービルダー」で自分の分身を
頭、顔、体と色を選択するだけのお手軽仕様
名前や自分を表現する素材を入れて自己表現

Canvaで名札を一括作成

子どもの名札を 「一括作成」で

おしゃれな名札を 「一括作成」 で

　クラス全員の名札類を作る時、全員分をコピペしたりせず、一撃で全員分を作成する**「一括作成」**を使いこなそう。

▶▶ やってみよう！

　まずは読み込むためのデータ作成をしましょう。クラスの名簿を Microsoft の Excel や Google スプレッドシート等で作成し、CSV という形式で保存しておきます。「**名札**」でテンプレ検索をして、好きなデザインを選択、これで準備 OK。

　名前を入れたいテキストボックスを選択し、P27 の⑬のような操作で**「一括作成」**アプリを呼び出してクリックし、先ほど保存した CSV のデータを **「CSV をアップロード」**します。そして、そのテキストボックスの上に出ている「…」のマークをクリックして、**「データの接続」**を選び、**「続行」**→**「ページを生成」**とクリックすれば、あら素敵、**全員分の名札が一気に完成する**のです。この方法は名札だけに限らず、ありとあらゆるシーンで活用できます。クラスや学年の名簿をCSV で保存しておけば、これまで下手すれば何時間もかかってしまっていたような作業も、一撃で終わらせることが可能になります。

　「アプリ」をクリックし、出てきた黒いメニューを下へスクロールしても「一括作成」アプリが出てきます。

子どもの名札が あっという間にできる！

こう作れる！

全員の名札が一括で作成可能！！

┤ **POINT** ├

名簿の Excel 等のデータを CSV で保存
好きなデザインの名札を選択
CSV データを読み込み、データ接続の上、一括作成

Canvaで係活動カードを共同編集
メンバーの写真入りの係カードを作ろう

「背景リムーバ」を使っておしゃれな写真入り係カードに

　これまで係カードといえば、画用紙にみんなで額を寄せ合って書き込むような形が多かったのでないでしょうか。Canvaの**共同編集**を使えばメンバーで項目ごとに手分けして作ることができます。さらに写真を入れて、背景をなくすことでより素敵なカードに仕上がります。

▶▶ やってみよう！

　まずは子どもたちにテンプレを活用して係活動カードを作ってもらいます。当番表を「素材」の「表」で作ったり、活動内容を書いたりします。そしてメンバーの写真を撮影しアップロードします（**アップロードの操作方法は P26 の 10 参照**）。これで準備 OK。

　写真を選択し、「画像を編集」から、「背景リムーバ」をクリック。すると数秒で背景が透過されます。

　また「背景リムーバ」による背景透過は、アップロードした写真だけでなく、既存の素材にも活用ができます。

　なお、この機能は Pro 仕様のため、Canva for Education の申請をしておく必要があります。

背景リムーバ

「背景リムーバ」でおしゃれなカード作り

背景アプリ

「背景リムーバ」と相性が良いのが「背景」アプリです（アプリの呼び出し方はＰ27の⑬参照）。アプリ欄から「背景」を選ぶことで使えるようになります。ご覧の通り、おしゃれな背景が豊富にあるので、透過した後に組み合わせるとGOOD！

さまざまな背景が使える

POINT

係活動カードを作成

メンバーの写真をアップロード

写真を選択し、画像を編集から「背景リムーバ」をクリックして完了

早くおしゃれにすぐ作れる！

掃除当番表

「グラフ」の素材は汎用性抜群

通称：掃除当番クルクル表を４月の白目になりそうな忙しい時期に作る方、多いと思います。これクラスの人数や掃除場所によって形はさまざまなので、結局毎年そこそこ手間がかかるイメージです。こういった痒いところに手が届くのが Canva の「グラフ」の素材群です。ここでは円グラフを例に活用例をお伝えします。

▶▶ やってみよう！

まずは**ホーム画面の検索窓**に「掃除当番表」と入力して検索します。するとよい感じのものが結構見つかります。そして画面左端の**「素材」**をクリックして、出てきた検索窓に「グラフ」と入力して検索し、右下のような円グラフを選びます。

少しだけややこしいのですが、**グラフの上段にある「編集」から系列を掃除場所分作り、パーセンテージを均等に打ち込みます。**たとえば、６か所なら 100 ÷ 6 = 16.6 といった具合です。そうすることで均等な円グラフを作ることができます。

なお、このグラフには円グラフの他にも、折れ線グラフ、棒グラフ、点グラフなど、汎用性が高いものが多いのでさまざまなシーンで活躍してくれます。

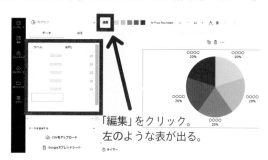

「編集」をクリック。
左のような表が出る。

こう作れる! Canvaのグラフで掃除当番表も パッと作れる!

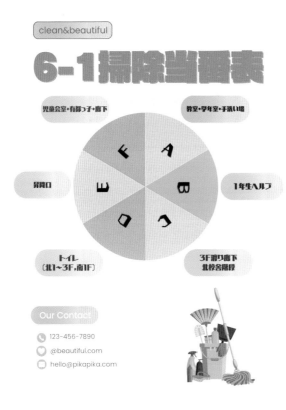

円グラフで当番表

2枚印刷し、1枚をそのままラミネート、もう1枚を円グラフだけ切り抜いてラミネート加工して真ん中を固定すれば完成!

下の図のように作りたい場所の数だけ行を作り(左の図なら6行)、均等な角度になる数字を入力すれば左のような円グラフがすぐできます。

4月の忙しい時期はこれでサクッと作りましょう。

	円グラフ		
	データ	設定	
		系列1	
			16.6
			16.6
			16.6
			16.6
			16.6
			16.6

POINT

掃除と検索してテンプレを選択

円グラフでクルクルを作成

2枚印刷してラミネート加工してガッチャンコで完成

動画も見れて感想も聞ける！

Canvaで学級通信

Canvaで作ると、 もはや以前のやり方には戻れない！

　これまでは Word や Pages で作ることが多かった学級通信、Canva に変えてみたら最高でした。**学級通信がクラウドで圧倒的に便利に、豊富なフォントやデザインでおしゃれになりました。**文字や写真の配置等も非常にスムーズなため、もう他の方法には戻れません。また共同編集もできるので複数のメンバーで交代で作ることにも適しています。

▶▶ やってみよう！

　まずはホーム画面の検索窓に「A4 文書」と入力して検索し、好みの「A4 文書」のテンプレを選択して制作開始。大まかなデザインは人それぞれの好みだと思いますが、**僕はヘッダー、見出し、写真、動画 QR コード、本文、保護者からのメッセージ欄と要素を決めていて、基本的に 1 枚につき 1 トピックで端的に書いています。**

　ヘッダーは Canva の「ヘッダー」のテンプレを使えばおしゃれなものがすぐに作れ、コピーして使えます。

　なお、毎回新しく学級通信のファイルを作成せず、同じデータで続きのページを作れるので時短になります。ファイルの開閉、保存が不要なのは本当に快適です。

こう作れる！ 動く＆双方向の学級通信がサクッと作れる！

6年生の最初の算数では『対称な図形』の学習をしています。この単元の2時間目の授業では、アルファベットをもとに線対称と点対称についてどう分類するかをチームで話し合いました。

26のアルファベットが書かれた1枚のプリントを渡すだけで、どんどん気づきを交流し、活発に意見を伝え合う姿がとても素晴らしかったです。

画像と動画QRで動く学級通信

マイクロソフトのFlipというアプリを使うと、クラスの様子をアップした動画のQRコードをすぐに取得することができます。そのサムネイルをメイン写真として使います。

Forms で保護者の声をいただく双方向の学級通信

Google フォームやマイクロソフトのFormsを活用することで、学級通信を読んでいただいた保護者からのメッセージが届くようにできます。

→ これはFlipの使い方がわかる動画です。QRコードから見ることができます。

┤ POINT ├

1枚1トピックのシンプルな構成で持続可能に
動画掲載でクラスの様子をダイナミックに伝える
Forms で双方向の温かい学級通信に

Canvaで学級ロゴ！
学級ロゴを作ろう！

ロゴのテンプレで学級ロゴを作る

　学級においてさまざまな掲示物等を作る機会は多いと思います。それらの中に学級のロゴがワンポイントで入っていたらカッコいいですよね。**Canva の「ロゴ」のテンプレならプロがデザインしたようなロゴを簡単に作ることができます。**クラスだけでなく、係活動、委員会、クラブなど、多くのシーンにおいて汎用性が高いのがロゴなのです。

▶▶ やってみよう！

　早速ロゴ作りにチャレンジ。まずはホーム画面の検索窓に「ロゴ」と入力して検索し、よさそうな**「ロゴ」のテンプレを選択してクラスの子どもとシェアします。**イメージに合うものを早く見つけるため、**検索でイメージに合うワードを打ち込んでよいものを探し当てましょう。**

　この活動、教師が 1 人でやるよりも、コンペ的にクラスで取り組むのも面白いです。テンプレを子どもたちにシェアして、ロゴを作り、そこから投票で決定するような形もよいかもしれません。

　決定したら画像をシェアすることでさまざまな成果物や掲示物に埋め込むことができるようになります。余談ですが、ロゴ作成って、デザインにおいて最もコストがかかるものらしいのです。それがこんなにお手軽にできるのってすごいことですよね。

クラスロゴコンテストをやってみよう!

これらは子どもたちの作ったロゴコンテストの作品です

3

9

10

11

ロゴコンテスト

学級のロゴを決める際、コンテスト形式にして、右下のクラスの子どもたち+僕で24人が学級目標を囲んでいるデザインになりました。素敵でしょ？　ラミネートしてクラスの看板にしました。

┤ POINT ├

「ロゴ」のテンプレから好きなものを選択
イメージを崩さないようにアレンジ
画像を出力しシェアする

動画スライド活用でより素敵な場に

学習発表会を
よりかっこよく

アニメートや動画素材を使って発表会に動きを出す

　学習発表会では、体育館の舞台で学年全員で合唱や合奏をすることが多いのではないでしょうか。近年はプロジェクターを使い、体育館のスクリーンに子どもたちの背景として映像を流すことをしています。**Canva の動画素材等を使えば、よりハイクオリティな学習発表会にすることができます。**

▶▶ やってみよう！

　ホーム画面の検索窓に「動画」と入力して検索し、よさそうな**「動画」**のテンプレに、まずは学習発表会のタイトルをテキストで打ち込みます。その際、しっかりと**「アニメート」**（P94 参照）を入れることで雰囲気もグッとよくなります。

　そして**合唱や合奏の間、子どもたちの立っているバックにその音楽に合った映像素材を流すことで世界観をつくることができます。**

　たとえば、Sing a Rainbow という曲を合唱した時には背景にさまざまな虹の動画を流しました。そしてジッパ・ディー・ドゥー・ダーという明るい曲を合奏した時には音楽に合ったキラキラした動画を使いました。

　「動画」を選択し、検索窓に「キラキラ」など、イメージに合ったワードを打ち込むだけでよさそうな動画が出てきます。

背景に動画を活用し、世界観をつくる

↑このようにきれいなイメージの動画に歌詞を入れると素敵です。

カウントダウンの素材もおすすめ

素材で「カウントダウン」と検索すると、さまざまなカウントダウンの動画素材が見つかります。開演前に使うと雰囲気がグッと盛り上がります。

┤ POINT ├

「動画」のテンプレでタイトルを入力
「アニメート」で雰囲気アップ
曲に合った動画素材を挿入

一瞬でムービーが作れる！
クールな思い出ムービーを「Beat Sync」で

「Beat Sync」でクラスムービーを作ろう！

クラスの思い出ムービーを作るのはこれまで大変でした。でも、「Beat Sync」を使えば音楽に合わせたカッコいいムービーが一瞬で作れます。

▶▶ やってみよう！

クラスのムービーを作るために、まずはホーム画面の検索窓から「動画」と入力して検索し、よさそうな**「動画」のテンプレを選択します。そして使いたい写真や動画をどんどんそのムービーのタイムライン（右頁画像参照）に入れていきます。**

次に「素材」をクリックして、「素材を検索」の窓に「オーディオ」と入力して検索し、出てきたオーディオから好きな音楽を選択すれば準備OK。

オーディオを選択すると、「Beat Sync」が現れます。ここで**「今すぐ同期」**をオンにすると、音楽のビートに合わせて写真や動画が適切な長さに調整され、音楽とシンクロして一気にクールな動画となります。

なお、この動画のテンプレももちろん共同編集ができるので、グループやクラス全体で動画を作るような活動も可能です。

「Beat Sync」 で音楽と写真を シンクロ

こう作れる!

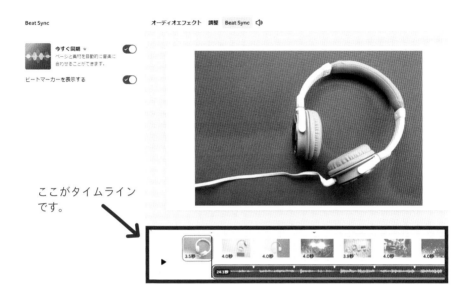

Beat Sync

今すぐ同期 ＊
ページと真竹を自動的に音楽に
合わせることができます。

ビートマーカーを表示する

オーディオエフェクト　調整　Beat Sync　◁り

ここがタイムライン
です。

行事の思い出ムービー

遠足、林間学習、修学旅行等で１人１台のタ
ブレットをカメラとして持って行き、後日
共同編集で思い出ムービーを作ることもで
きます。

┤ **POINT** ├

「動画」テンプレを選択し写真や映像を選択
「オーディオ」から好きな音楽を選択
「Beat Sync」で同期させる

Canva×学級担任外の活用も！
メッセージカードのテンプレで
保健委員会のポスター作り

おしゃれなポスターを1人1枚つくってもらおう！

　保健委員会では、熱中症予防や感染症対策などの手描きのポスターを作る機会が多いです。しかし、子どもたちの周りの環境を見ると、デジタルデザインのポスターがほとんどです。Canva の「**メッセージカード**」のテンプレを使うと、絵や字が苦手な子でも、**誰でも簡単（5分程度）におしゃれなポスターを作ることができます**。

▶▶ やってみよう！

　Canva でポスターを作るなら「チラシ」のテンプレを選ぶ方が多いかもしれません。しかし、「チラシ」のテンプレは文字の量が多く小学生にはなかなか大変な作業です。また保健委員会の時間（45分）では到底終わりません。**私がおすすめするのは、「メッセージカード」のテンプレからポスターにする方法**です。

　これを使うと、強調したい文字と少しのサブタイトルぐらいの文字の量で済みます。保健委員会の子どもたちが直感で「メッセージカード」のテンプレを選び、今の保健課題や注意喚起したいことの文字を入力しましょう。サブタイトルのところには「保健委員会（もしくは、ほけんいいんかい）」と入れましょう。

P70-71 執筆：阿部大樹（養護教諭）

メッセージカードの
テンプレがポスターにおすすめ!

みんなに伝えたいタイトルを決めたら、それに合うテンプレを子どもの直感で選ぶ!

テンプレを選んだら、文字、素材(イラスト)を入れるだけ。「保健委員会」の文字も忘れずに!

┤ POINT ├

「メッセージカード」のテンプレを使う
1人1枚5分程度で作れるから得意な子は複数枚も
完成したポスターはいろいろなところで汎用性がある

Column 3
良いものを広げるときの2つのポイント

　この数年、多くの試行錯誤を繰り返してきました。その中で気づいた、何か良いものを広げていくときのポイントは次の2つだと考えています。

①あらやだ便利

　忙しく余裕のない学校現場において、「あらやだ便利」と感じてもらうことは、使ってもらうための最強の動機づけになります。これまで述べてきたように、準備の楽さ、評価の便利さ、印刷の速さなど、少し使えばCanvaはあらやだ便利のユートピアであることが伝わると思います。まずは、至高の「あらやだ便利体験」を、同僚にしてもらいましょう。

②子どもが笑顔になる

　世界中の全ての先生は、「子どもが笑顔になる」ことに喜びを感じているはずです。Canvaのその素材の豊富さから、紙と鉛筆では暗い顔をしていた子も、たちまち明るい笑顔になるシーンを数多く見てきました。特別支援的や不登校支援といった面からも手応えをつかんでいます。Canvaは子どもを笑顔にする力を持っています。

　ICTに苦手意識を持っている先生たちに広めていくにはこの2つのポイントを押していきましょう。まずは実際に触ってもらう、そしてこの2つの体験をしてもらう。そうすれば今後も継続して使ってもらえる可能性がグッと高まると思います。

第 **4** 章

子どもの学びの
アウトプットをCanvaで！
授業での活用法

物語文の初発の感想をテキストで交流する

物語文の感想は「図形」に書き込んで交流を

図形を活用してテキストで意見を交流

物語文や説明文の学習では、単元の初めに初発の感想や疑問等をノートに書き出すことが多かったのではないでしょうか。これを Canva のスライド上の図形に書き込むことで、考えを共有することができるようになります。

▶▶ やってみよう！

スライド編集時に画面の一番左端のアイコンの**「素材」**をクリックし、出てくるメニューから**「線と図形」**を選択します。すると、さまざまなグレーの図形が表示されます。これらは他の素材とは違い、図形を自由に変形させたり、色を変えたり、テキストを入力したりできます。この汎用性を活かし、意見を交流する活動で活躍します。

光村４年生国語「プラタナスの木」を例に見てみましょう。授業で子どもたちから出た、おじいさんの正体についての問いを Canva の図形を活用し、右頁のようにまとめました。この後、ピラミッドチャート等の思考ツールを使って意見を分類するような活動に移行することも簡単にできます。

なお、**クラウドによる相互参照**ができると、なかなかアイデアが出なかった子どもも、友達の意見を見てヒントを得るといったプラスの効果が期待できます。

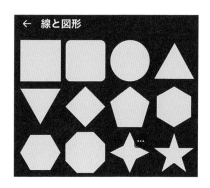

初めて読んだときの 『問い』を テキストで交流！

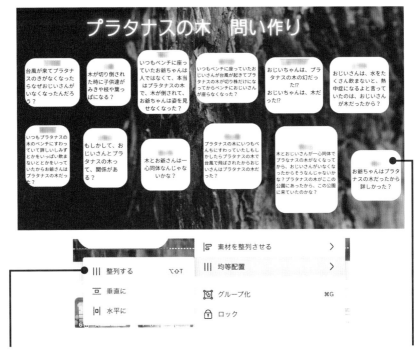

必須！ 整列機能！

クラウドでの意見を交流をするとどうしてもゴチャゴチャなりがちです。そこで役立つのが整列機能。整理したいものを複数選択し、「整列する」や「均等配置」を選択すればスムーズに見やすくすることができます。

友達の意見を見つつ、自分の意見を書くことができる！

クラウド化のメリットの一つである相互参照により、タイムリーに友達の意見を見つつ、自分の考えを書くことができます。一人学びとみんな学びが並行して進むイメージですね。

POINT

スライドを作成し子どもたちと共有
素材から「線と図形」を選択
子どもたちが図形の上に意見を書き込み交流

要点まとめ等の活動をクラウドワークシートで

説明文はクラウドワークシートで共同編集を

「表」を使ってクラウドワークシートを作成

　説明文の授業では、段落ごとに要点をまとめるようなワークシートを使った活動があります。この**ワークシートをクラウド化することで、相互参照と共同編集が可能になる**ため、協働的な学びへと展開しやすくなります。素材から「表」を選択すれば簡単にワークシートを作ることができます。

▶▶ やってみよう！

　「表」は最も汎用性が高い素材です。

　スライド編集時に画面の一番左端のアイコンの**「素材」**をクリックし、出てくるメニューの**「表」**の中から合うものを選択して挿入します。そして行や列の数を整理し、ヘッダーに項目を打ち込みます。できたスライドについて班と同じ数だけページを複製し、スライド名に班の名前を入力したら準備完了。

　あとは、子どもたちが班で話し合い、ワークシートに書きこんでいきます。

　光村6年生国語「笑うから楽しい」を例にします。要点まとめの活動において、先に進んでいる班のワークシートを参考にし、それを再度班で考えるような姿も見られました。

　このように、チーム内やチーム間での相互参照ができることが、このクラウドワークシートの強みです。

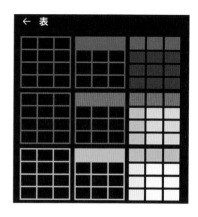

こう作れる！ Canvaの「表」でクラウドワークシート活用

班名を入れたページを作成

笑うから楽しい

段落	キーワード	要点 ※体言止め
1	体の動きと心の動き	密接に関係している体の動きと心の動き
2	脳	行動に合わせた心の動きを呼び起こす脳
3	表情	心の動きを決める表情
4	体と心	深く関わり合う体と心

スライドの1枚目は単元名の表紙に

 2-A
 3-B
 4-C
 5-D
 6-E
 7-F

必須！　表の位置だけをロック

使用ひん度の最も高いこの「表」ですが、共同編集をしているとある問題が起こります。それは「表」の行の高さや位置が勝手に変わりグダグダになる問題です。それをクリアするのが、**「位置だけをロック」**です。表のセルを一つ選択し、上に出てくる「…」のマークをクリックして、出てくるメニューから**「ロック」→「位置だけをロック」**でロック完了。これで表の位置と高さがロックされ、快適な共同編集ライフを送ることができるようになります。

🔒 ロック　　　　　　　　　>

🔒 ロック

✏️ 位置だけをロック　　　⌥⇧L

┤ POINT ├

スライドを作成し、「表」を挿入してワークシートを作る
班の数分を複製し、スライド名に班名を打ち込む
子どもたちは共同編集でワークシートに書き込む

文章の構成を視覚化

Canvaで作文
原稿はクイックフローで

クイックフローで原稿を

　作文を指導する際、おおまかな構成をまずは考えさせたいところです。しかし、これを紙ベースで指導することはなかなか難しかったのです。そこで役立つのが**クイックフロー**という機能。これなら**文章の構成や流れを視覚化できます。また何度も修正したりは容易**です。全ての教科の学習で活かせるツールなのでぜひ使っていきましょう。

▶▶ やってみよう！

　スライドの編集画面の左端のアイコン「**素材**」から「**線と図形**」を選び、試しに円を選びましょう。円をクリックすると上に「…」というマークが出るので、それをクリックします。すると「**クイックフローを有効にする**」がメニューとして出てくるので、これをオンにします。すると、図形の四方に矢印が出現し、それをクリックすると矢印の先に同じ図形が生まれるので、それをイメージマップの要領で整理したり、拡散させたりすることができるようになります。このクイックフローの図形は色を変えることもできます。

　右頁ではピンクが話の幹、黄色が枝のイメージです。これにより、文章の構造が見えてきます。上の表と組み合わせることで、極めて視覚的に整理することができるようになります。

　これをもとに作文を書けばかなり論理的な構成になると感じます。

クイックフローの状態にするとこのマークが図形の上に出る。クリックすると図形同士のつながりが確定する。

クイックフローで
文章の全体構造を俯瞰する

主張『ドラえもんはいいぞ』

段落	構成	要点
1	主張	ドラえもんの話題提示
2	事例1	ドラえもんの多彩な秘密道具
3	事例2	愉快なキャラクター
4	事例3	映画の魅力
5	主張	ドラえもんは最高

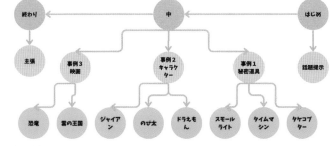

かしこい矢印さん

Canvaの矢印さんは非常にかしこいのです。たとえば図形の4か所のポイントに自動でくっつくことにより、その後に図形を動かしてもしっかりとついてきてくれるので、後でわざわざ矢印を修正する手間がありません。

なお、この矢印はオブジェクトとまっすぐつなぐ**ストレート**と曲がりながらつなぐ**エルボーライン**から選ぶことができます。

ストレート

エルボーライン ✓

POINT

図形を出してクイックフローを有効にする
矢印をタップして構造化していく
色で話の幹や枝を整理していく

Canvaの描画機能を使おう！

描画機能で心情曲線を描いて 気持ちの変容を読み解く

描画機能を活用して心情曲線を

　物語文の授業の手法の一つとして、登場人物の心情の変化を心情曲線にして表現するものがあります。これまでは全文を 1 枚に印刷して書き込むような方法を取っていました。しかし、**Canva なら全文を共有し、描画機能を使って書き込むことが可能**になります。

▶▶ やってみよう！

　まずは教科書の本文の画像データを Canva にアップロード（**P26 の10参照**）します（※その学校で使用している教科書の画像データを教室で使う限りは著作権はクリアします）。

　そして子どもたちの人数分ページを複製（**P26 の11参照**）して準備 OK。編集画面の一番左端に並んでいるアイコンの中から**「描画」**をクリックして描画機能を使い、本文を読みながら登場人物の心情の変化を書き込みます。

　右頁は光村 6 年生国語「帰り道」の律と周也の両者の視点から 2 部で描いたものです。その 2 部を上下に並べ、2 人の心情の移り変わりを比較しながら読むといった学習を展開することができます。

　なお、描画機能はタイピングが不要なので、低学年でも実践しやすいツールです。指でも十分描けます。

画面左端に描画アイコンがあります。➡

Canvaの描画機能で心情曲線をこんなふうに示す

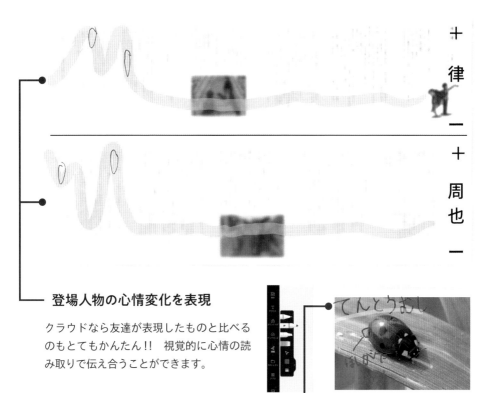

＋

律

一

＋

周也

一

登場人物の心情変化を表現

クラウドなら友達が表現したものと比べるのもとてもかんたん！！　視覚的に心情の読み取りで伝え合うことができます。

てんとうむし

写真に描きこむ

本筋とはズレますが、低学年で絵や写真に描写機能を使って描きこむ活用、オススメです。タブレット活用のきっかけとしてぜひ！

┤ POINT ├

本文のデータをアップロードしスライドに
クラスの子どもの人数分を複製
描画機能を使って心情曲線を描く

動画テンプレを共同編集してCMを作ろう

動画のテンプレで CM作り

フレームを使ってワイプを入れる

　国語ではアンケート調査等をして新聞にまとめるような活動が各学年にあります。この活動を動画による啓発CM作りに置き換えてみてはどうでしょうか。**Canvaなら動画も共同編集で作成可能です。**フレームの機能を使い、テレビのように**ワイプ（小さく挿入された別画面）**で説明している様子を埋め込む方法が特におすすめです。

▶▶ やってみよう！

　CM作りのために、ホーム画面の検索窓に**「動画」**と入力して検索し、よさそうなテンプレを選びます。次にタイムライン（右頁画像参照）に必要な写真や動画、そしてテキストや素材などを入れていきます。

　そして画面左端の**「素材」**アイコンをクリックし、出てきた検索窓から**「フレーム」**を検索、好きな形のものを選んで挿入します。そこに別に**アップロード（P26の10参照）**しておいた自撮りでの説明動画をドロップすればワイプのでき上がり。ワイプを入れるだけで一気にCMらしい雰囲気がグッと出ます。

フレーム

こう作れる！ ワイプを埋め込むことで一気にCMっぽい雰囲気に！

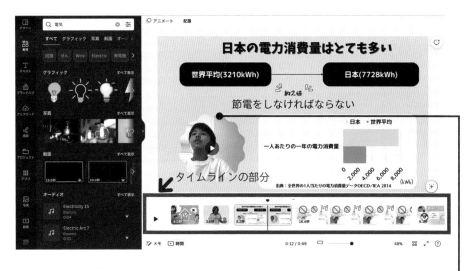

明日のために、今はじめよう

YC JAPAN

有都広告機構

遊び心を大切に

ワイプって、バラエティ番組とかでよく見るので、子どもたちにとってはとても馴染みのあるものです。雰囲気のよい好きなBGMを使うとさらにCM感が出ます。ちなみに、最後にはAC Japan風のアイキャッチとロゴを入れたパロディにしました。こんな遊び心も大切にしたいですね。

┤ POINT ├

「動画」のテンプレを選択　　動画や写真等を挿入
「素材」から「フレーム」を選択し自撮り動画をアップロードしドロップイン

算数

グループの意見をまとめる

ホワイトボードで
班の意見を発表

ホワイトボードに展開して意見を

　算数の授業では、チームに1枚のミニホワイトボードを渡し、解き方などについて話し合って、意見を交流するような活動をすると思います。これもCanva を使えばクラウド上でできるようになります。でもそのままだとスペースが狭くて意見を貼りづらいです。そんなときに便利なのが、「**ホワイトボードに展開する**」という機能です。

▶▶ やってみよう！

　「**ホワイトボードの展開**」の操作方法は P27 の⒓を参照してください。

　まずは子どもたちに意見を発表させたい問題のスライドの「…」のマークを選択し、「**ホワイトボードに展開する**」をクリック。すると、**スライドの領域が無限になります**。

　もともと全体で使っていた領域の外側に、画面左端「素材」アイコンをクリックして、検索窓から「付箋」や「テキストボックス」を探して設置することで、子どもたちが個人やグループでの意見をその周囲に書き込むことができるようになります。

　右の写真は、1枚の資料を元に、わかったことをチームで話し合い、交流したときのホワイトボードです。なお、「…」マークを選択し、「ホワイトボードを折りたたむ」をクリックすれば、ちょうどよい大きさのスライドに戻せます。

ページタイトルを追加　✎

⌂ ページを追加　　　　　Ctrl+Enter

⎘ 1ページを複製　　　　　Ctrl+D

🗑 1ページを削除　　　　　DELETE

🚫 1ページを非表示

🔒 1ページをロック　　　Alt+Shift+L

◎ ホワイトボードに展開する

◗ 切り替え文を追加

🗒 メモ

各チームの意見を、ホワイトボードに展開して増やしたスペースで交流

元々のスライドの領域 ── 展開した領域 ──

1、2、3組の記録を比べて分かったことをチームごとに付箋に箇条書きしよう

1組の平均が約26m
2組の平均が約26m

3組の平均が約27m
全体の平均が約26m

1組平均26
2組平均26
3組平均27

6年1組の記録

番号	きょり(m)	番号	きょり(m)
①	33	⑮	32
②	28	⑯	37
③	27	⑰	23
④	17	⑱	20
⑤	20	⑲	35
⑥	22	⑳	14
⑦	17	㉑	26
⑧	22	㉒	30
⑨	27	㉓	19
⑩	41	㉔	24
⑪	34	㉕	26
⑫	18	㉖	35
⑬	24	㉗	13
⑭	28	㉘	26

6年2組の記録

番号	きょり(m)	番号	きょり(m)
①	37	⑮	22
②	22	⑯	21
③	18	⑰	28
④	37	⑱	23
⑤	30	⑲	34
⑥	22	⑳	18
⑦	28	㉑	33
⑧	19	㉒	27
⑨	27	㉓	19
⑩	31	㉔	27
⑪	33	㉕	34
⑫	25	㉖	17
⑬	32		
⑭	24		

6年3組の記録

番号	きょり(m)	番号	きょり(m)
①	33	⑮	24
②	23	⑯	29
③	37	⑰	14
④	33	⑱	38
⑤	24	⑲	24
⑥	23	⑳	24
⑦	32	㉑	24
⑧	34	㉒	39
⑨	28	㉓	17
⑩	40	㉔	19
⑪	19	㉕	25
⑫	17	㉖	29
⑬	40	㉗	33
⑭	23		

6年1組で1番は10番の41
6年2組で1番は4番の37
6年3組で1番は10.13番の40

A班

○**平均値**
6年1組の平均は、約26m
→ 21、25、28が平均
6年2組の平均は約26m
→1組と同じ結果
6年3組の平均は27m
→20が平均
まとめ：6年生全体の平均約26m

○**最大値**
6年1組の最大は、41m

・6年1組の平均値が26m
・6年2組の平均値が26m
・6年3組の平均値が27m
・6年全体の平均は26m

・1組の平均値は26
・2組の平均値は26.5
・3組の平均値は27

思考の領域展開

実際に使うときには上の写真のように思考の
フィールドの面積を大きく広げていくことがで
きます。人気のアニメ『呪術廻戦』風に「領域展
開」と僕は勝手に呼んでいます。
この操作は子どもたちでもできるので、必要に
応じて子どもたちのタイミングで活用するシー
ンがよく見られます。

赤い線の周りは全て
後から展開した領域

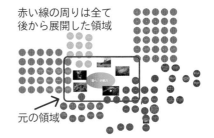

元の領域

┤ **POINT** ├

スライドのホワイトボードを展開
できたスペースに班や個人で考えたことを貼り付ける
全体で交流し、ホワイトボードを折りたたむ

カメラですばやく作れる！

パフォーマンス課題を
スライドで

アナログ×デジタルで

　算数の授業で学んだことを実践的に表現するパフォーマンス課題もCanvaなら手軽に取り組むことができます。図形の学習等では机の上でアナログに試行錯誤し、それをCanvaのスライドにアップすることでお互いに見合うこともできます。Canvaでは**「カメラロール」の「カメラ」から直接写真を撮って、スライドにすぐ貼れるので、右頁のようなスライド資料もすぐ作れます**（タブレットのみで使える機能です）。

▶▶ やってみよう！

　まずはいつも通り、Canvaでスライドを子どもの人数分ページを複製（**P26の**11**参照**）し、子どもたちにシェアします。4年生算数「変わり方」では、●が増加すると、▲がどう変化するかを立式する学習があります。この活動ではその変化の様子を写真で複数枚撮影し、表に数字を入れて、その変化を文章で表現しました。

　タブレットの場合、画面左端のアイコンが上から下へ並んでいる中に**「カメラロール」**のアイコンがあり、タップすると下のような**「カメラ」**のアイコンが出ます。**「カメラ」**をタップすると、タブレットのカメラで撮影して、Canvaのスライド上にそのままダイレクトに貼り付けることができます。

　たくさん写真を貼り付けるような活動をスピーディーに行えるのでおすすめの方法です。

カメラで撮影し、すぐにどんどん写真を貼っていくことができる！

●六角形の数	1	2	3	4	5	6	7
▲棒の本数	6	10	14	18	22	26	30

●が1増えると▲が4本ずつ増える。

算数でもパフォーマンス課題をやろう

上記は、一方が増えると、もう一方の数がどう変化するかを立式する課題です。棒をたくさん用意し、子どもたちは何度も試行錯誤をしながら取り組みました。

算数って、ほら、どうしてもペーパーテスト重視でパフォーマンス課題をすることって少ないと感じます。でも、単元で得た知識や技能を使って表現するチャレンジする機会は設けるべきだし、それを評価に入れるべき（持続可能な範囲で）だと思っています。ここで紹介したように、アナログとデジタルの組み合わせなら割とサクっとできます。ぜひチャレンジしてみてください。

┤ POINT ├

スライドを子どもたちにシェア
表、テキストを作成
「カメラロール」→「カメラ」で直接撮影してアップロード

図形の授業を視覚的にできる!

図形の授業を
わかりやすく

図形を動かしたり透明にしたりできる

　算数の図形の授業では、これまで印刷した紙を黒板に貼って手で動かして、点対称や平行などを教えるようなことをよくしていました。こういった活動も Canva に置き換えることができます。ただ、アナログがデジタルで置き換わっただけでなく、それまでは実現できなかった操作ができるようになるのです。また、働き方の点からもプラスですね。

▶▶ やってみよう!

　「対称な図形」の学習では、線対称と点対称について学びます。ここで役立つのが**図形の透明度を調整する機能**です。これを使えば、同じ図形を2枚を貼り合わせ、片方を透明にし回転させることで点対象のイメージをつかませることが容易になります。

　この操作は非常に簡単で（**画面上の透明度のアイコンのある場所は P24 の 7 を参照**）、図形や写真を選択し、タスクバーに表示されるアイコンのチェック柄の**「透明度」**を 60% ぐらいに調整するだけです。これで視覚的にとてもわかりやすい指導ができるようになります。

　当然ながら、このスライドのページを複製し、子どもたちにシェアすることで、実際に操作をして学んだり、伝え合ったりするような活動を展開することも可能です。

図形の透明度を調整することで、より視覚的な指導を

点対称

デジタルでしかできないこと

デジタルを使い始めると、なんでもかんでもそれでやろうとしがちですが、そこの判断は冷静にする必要があると思っています。線対称を確かめる活動なら、紙で印刷したMを折り曲げて確認するほうがよいでしょう。でも点対称となるとアナログではできないから、デジタルを使いました。子どもにとっての学び、教師にとっての負担感、これらをトータルで考えてアナログとデジタルの選択をしたいものですね。

「透明度」を使った点対称の教材

「透明度」60％にして薄くなったNを点対称に動かすとわかりやすい教材に。

POINT

使いたい図形を選択して、２枚貼り付け
１枚を半透明にする
図形を操作して視覚的に指導する

コメント機能で意見を交流する

社会科で1枚の資料を
もとに意見の交流を

コメント機能で話し合いをより活発化

　社会科の導入では資料をもとに子どもたちで話し合うようなケースが多いのではないでしょうか。そこで役立つのが**コメント機能**です。子どもたち全員が自分が考えたことをスピーディにアウトプットすることができ、それをもとに授業を展開することが可能になります。

▶▶ やってみよう！

　資料をもとにコメント機能を活用して発表するのは非常に簡単です。まずは必要な資料をスライドにアップロード（**P26の10参照**）します。6年社会科の「平和主義」の授業では、画面左端の**「素材」**アイコンをクリックし、検索窓から原爆ドームの写真を探して選択しました。このスライドを子どもたちに共有します（**共有の方法はP36を参照**）。

　そして子どもたちはこの写真をタップして**「コメントを追加」**を選択します（**P40参照**）。するとすぐにタイピングで意見を書き込みシェアすることができます。また、コメントに対して返信のコメントをすることも可能です。

　子どもたちから集まった意見をもとに、「では、なぜこの原爆ドームは壊さずに今まで残されてきたのだろう？」といった問い返しをすることで議論を深めていくといった授業をしました。

コメント機能で全員発表しました!

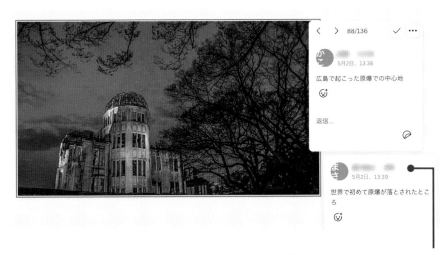

黙って意見交流なんて冷たい?

タイピングで意見交流と書くと、もしかしたら教室は静かな空間でカタカタカタカタとタイピング音が鳴り響いているのではといった様子をイメージするかもしれません。でも実際には班で声を出してたくさん意見を交流し、タイピングで文字にも残すというマルチタスク化が起こります。話し合いをより活発にするためのツールとなるのです。

コメント機能で意見がどんどん集まる

子どもたちが気づいたこと、疑問に感じたことなど、挙手指名制では考えられないぐらいスピーディーに集まります。

┤ POINT ├

資料をスライドに提示
コメント機能を使って意見を集める
さらに問い返し発問をして議論を深める

チームで手分けして1枚のポスターを

「インフォグラフィック」で ポスター作り

シンプルな構成の 「インフォグラフィック」

　社会科の授業で学んだことを1枚の壁新聞にまとめるような活動は一般的だと思います。この活動をそのまま Canva の「**インフォグラフィック**」のテンプレでやってみましょう。インフォグラフィックとは、**情報やデータを視覚的に表現**する手法です。はじめから項目ごとに分かれており、分担がしやすく、短い文章とイラストでテンポよく作れるのでおすすめです。

▶▶ やってみよう！

　ホーム画面の検索窓に「**インフォグラフィック**」と入力して検索し、出てきた中から好きなテンプレを選びます。いつも通り、そのデータを子どもたちに共有する（**P36 参照**）だけで準備完了です。「**インフォグラフィック**」のテンプレはデザイン性に非常にすぐれているので、そのフォーマットのままテキストを打ち替えたり、素材を少しアレンジしたりするぐらいで大丈夫です。4年生社会科の防災の学習では、チームごとに「洪水」「地震」「火山」について調べてインフォグラフィックにまとめました。

　右頁の写真は火山チームの成果物です。社会科の見方を働かせ、火山の実害から、災いや恵みなどの項目を決め、役割を分担して調べてまとめることができました。

インフォグラフィック

こう作れる！ インフォグラフィックなら短いテキストとシンプル素材でまとめることができる！

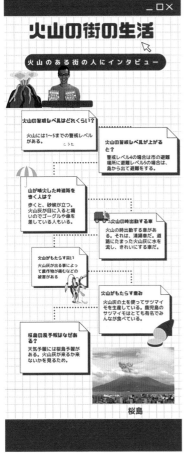

共同編集の入門として最適

「インフォグラフィック」は共同編集の入門用におすすめです。まずはトピックごとに役割分担をし、その後、それぞれの場所を書き込むことで一つの成果物ができます。またチームごとにテーマを決めることで個別最適な学びにもつなげやすいですね。

もともとトピックに分かれているのですこぶる便利です。

┤ **POINT** ├

「インフォグラフィック」のテンプレを選択

子どもたちに共有し共同編集モードへ

項目を決め役割分担をして作成

アニメーション機能「アニメート」を使う

スライドのテンプレで プレゼン作り

豊富なアニメーション機能が一瞬で

　社会科の参観授業等でおすすめの方法が、学んだことをチームごとにスライドを共同編集で作ってプレゼン発表をする活動です。ここでやってみたいのがアニメーション。これまでアニメーションをつけようとすると一つ一つのオブジェクトに設定する必要がありました。しかし、**Canva のアニメート機能を使えば全てのスライドに一括でアニメーションがつけられます。**

▶▶ やってみよう！

　Canva でスライドにアニメーションをつけるのは本当に簡単です。編集画面でスライドの左上にある「**アニメート**」（P23 の 4 の⑧参照）をクリックし、ライズ、ポップ、フェードなど、好みのものを選べばそのスライドの全てのオブジェクトにアニメーションがかかります。また、「**すべてのページに適用**」を選べば一括で全てのスライドにアニメーションをつけることも可能です。

　PowerPoint のように一つ一つの素材にアニメーションをつけることもできます。「**素材**」を選択し、タブを「**ページのアニメーション**」から「**素材のアニメーション**」に切り替えます。右のように好みのアニメーションのタイプを選んだり、自由に軌跡を描いて動かすような設定もできます。

ベーシック

Abc	Abc	Abc
ライズ	パン	フェード
Abc	Abc	Abc
ポップ	ワイプ	ブリーズ
Abc	Abc	Abc
ベースライン	ドリフト	テクトニクス

アニメートを使えば、スライド全体に一括でアニメーションをつけられる!

全てのイラストや画像に自動でアニメーションが入る。

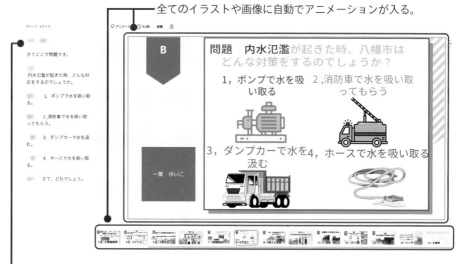

メモでカンペ作り

スライドにある「メモ」(P23の4の⑯)をタップすると、左側にプレゼンテーション用のメモが立ち上がります。これはスライドごとに共有されるので、話す内容をチームで話し合って書き込むときに非常に便利です。

プレゼンに必然性を

学んだことを人に伝えるという必然性が子どもの学ぶ意欲につながります。勤務校では全学年が体育館で発表する取組みをしています。こういった**スペシャルな目的意識と相手意識が生まれる**学びのデザインが大切だと考えます。

┤ POINT ├

デザイン作成から「プレゼンテーション」のテンプレを選択
子どもに共有し共同編集モードへ
項目を決め役割分担をして作成

Google Mapsで川の様子を見に行く

Google Mapsを埋め込み、フィールドワーク

指定した場所へ子どもたちをワープ

　理科の「流れる水のはたらき」の単元をはじめ、実際見に行って場所を確かめたいようなときに役立つのが Google Maps です。意図した場所を子どもたちに見せて、気づいたことを交流させるような活動が Canva のアプリ、Google Maps なら可能です。

▶▶ やってみよう！

　スライド作成中にアプリから「Google Maps」を選択します（アプリの呼び出し方は P27 の[13]参照）。そして出てきた検索窓に、子どもたちに見てほしい場所の住所やランドマークを打ち込みます。すると、そこがズームされた地図が表示されます。その状態で地図をクリックすれば、スライドに埋め込まれます。このスライドを班や子どもの人数分ページを複製（P26の[11]参照）したら準備完了。

　子どもたちはそこを起点に擬似的なフィールドワークをします。導入として気づきを引き出したり、まとめとしてレポート形式にしたりするなど、汎用性は非常に高いです。画面左端の「素材」アイコンをクリックし、出てきた検索窓から「矢印」を探して使うと表現の幅が広がります。理科だけでなく、社会科でも、地形について取り扱いたいときに有効なツールです。

Google Maps

四万十川の川の様子をみんなで チェック！

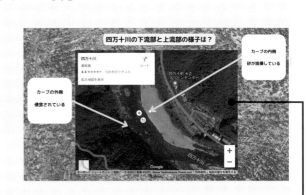

Google Maps の可能性

ちょっとCanvaの活用とはずれますが、Google Mapsの可能性は無限です。

ここから下はCanvaとは関係ないGoogle Mapsそのものの説明として読んでほしいのですが、ストリートビューモードを使えば、実際の街を歩くこともできます。Google Mapsの画面左上の「拡大地図を表示」をクリック、右下のオレンジ色の小人を選択し、道に小人をドロップすると、そこからの風景を見ることができます。

上の画像は四万十川の指定した場所を見て、気付きを交流する例です。写真と違い、さらに上流や下流に行ってみて確認することもできます。

教室にいながら地球上のあらゆる場所へ行き、街を歩くことができるのは、大きなイノベーションだと感じます。

POINT

アプリ「Google Maps」を選択
シェアしたい場所を打ち込み地図をスライドへ挿入
気づきなどをテキストで交流する

数値を入力するとグラフが生成

デジタル実験シート

簡易版エクセルとして活用

　これまでのワークシートといえば紙でした。実験の結果を表に鉛筆で書き込み、定規を使ってグラフにするといった活動が主流だったと思います。しかし、その作業自体が子どもによっては難しいということが起こっていました。そこで役立つのが Canva の**デジタル実験シート**です。これなら、数値を打ち込むだけでグラフが生成されるので実験に集中できます。

▶▶ やってみよう！

　実験用ワークシートのスライドを作ります。スライド上で、画面左端の**「素材」**アイコンをクリックし、出てきた検索窓から「グラフ」を探し、**「折れ線グラフ」**を選択しスライドに貼り付けます。次にそのグラフを選択すると、左側にデータを入力するテーブルが表示されます**（P60 参照）**。そのテーブル上で「系列」や「ア

イテム」名を決め、あとは数字を入力するだけの状態にします。これをいつも通り、必要な人数や班の数だけ複製**（P26 の11参照）**すれば準備 OK。これでデジタル実験シートの完成です。

　慣れてくればこの段階から子どもたちに考えさせてもよいでしょう。このグラフを作成する技能は、他教科でのさまざまな活動にも役立ちます。エクセルよりも操作が直感的なので、意外とできるようになるのです。

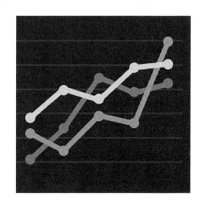

こう作れる！ 数値を入力するだけでグラフができる！

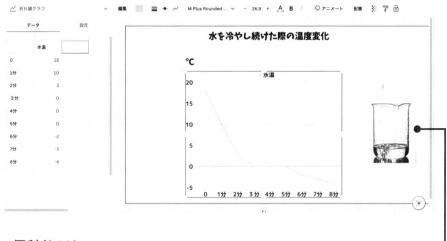

便利だけど…

上記は水を冷やし続けた際の温度変化の実験の例です。これなら１分に１回水温を入力するだけなので、実験に集中できますね。

ただ、デジタル実験シート、計算も自動でできるし、班で共有もできるし、便利ではあります。しかし、やはり自分で手計算したり、グラフを書いたりといった技能も大切だなぁと、実は思っています。クラスの実情によりますが、活用のバランスも考えていきたいところです。

なお、右のように豊富な種類のグラフがあるので、他教科でもさまざまな利用が可能です。

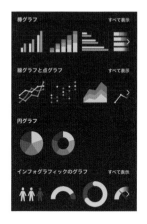

┤ POINT ├

素材から「折れ線グラフ」を選択
データから「系列」や「アイテム」名を整理
実験中に数値を入力すればグラフが自動生成

YouTubeを音源にチーム演技
好きな音楽が流せる
クラウド体育カード

YouTubeを音源として使う

　１人１台のタブレットにより、自分の実践として大きく変化した教科が体育です。どうしても技能習得に偏りがちでしたが、思考し、表現する活動へとシフトすることができました。跳び箱、縄跳び、鉄棒など、さまざまな単元において、好きな音楽に合わせてチームで表現をするチャレンジをしてきました。音楽を子どもたちが選び、自分たちのタイミングで流せるようになったからです。

▶▶ やってみよう！

　スライド作成中に Canva の**「アプリ」**から**「YouTube」**を選択します**（アプリの呼び出し方は P27 の▐13▐参照）**。検索窓に使いたい曲を打ち込んで探します。お目当ての MV が見つかれば、タップしてスライドに貼り付けます。これでいつでもそのチームはメンバーの誰の端末からでも好きなタイミングで音楽を流せるようになります。YouTube からそのまま流すと毎回 CM が流れてしまいテンポが悪くなりますが、Canva 上に埋め込むと CM が自動的にカットされるというメリットが生まれます。

　右頁の写真のように、表を埋め込む**（P76 参照）**ことで、チーム演技構成表を共同編集で書き込むことができます。子どもたちは活発に話し合い、何度も練習してよりよい演技にしようと頑張る姿が見られました。

YouTubeのMVを演技用の音源に!

こう作れる!

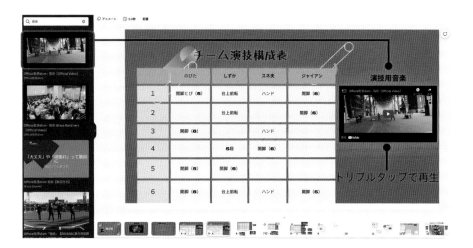

音楽の民主化

YouTubeの埋め込みにより、子どもたちは自分たちの好きなタイミングで、好きな音楽を活動の中で使うことができるようになります。体育係なんかは好きな曲で準備体操ができるようになり一躍人気の係になりました。

円盤との訣別

これまで音楽を使おうと思うと、何かとCDに焼いてラジカセで流して・・・という手間がかかりました。なんならその音源を手に入れるためにツタヤに行ったり(自腹)・・・。でもこの方法ならそんな悩みも解決。CDという円盤との戦いはこれで終わりです。

┤ POINT ├

アプリから「YouTube」を選択
好きな曲の動画を選んで貼り付け
いつでもどこでも誰でも音楽を流せるように

Canvaの画像生成AI「DALL-E」の活用

AIに絵の構図を生成させる

AIに絵のアイデア出しをしてもらう

図工の授業で絵を描く課題は多いと思います。写生のように確かなモデルがある場合とそうでない場合があります。モデルがない場合、構図から考える必要が出てきます。これ、僕も含めて苦手な人からするとハードルが一気に上がります。ここで登場するのが Canva の画像生成 AI アプリ「DALL-E」です。このアプリは ChatGPT で有名な OpenAI が開発・提供している画像生成 AI です。これで構図を生成させて活動のハードルを下げましょう。

▶▶ やってみよう！

Canva の「アプリ」から「DALL-E」を選択します（アプリの呼び出し方はP27 の⓭参照）。するとすぐに AI による画像生成ができるようになります。まずは生成させたい絵のイメージをテキストで入力します。たとえば、夕焼けをバックに羽ばたく隼の絵を生成させたいときには「夕焼けを舞う隼」と入力します。そして「Generate」をクリックするだけ。するとものの数秒で 2 種類の画像を生成してくれます。

もし生成された画像が気に入らなかった場合、「Generate again」をクリックすれば再度生成されます。図工の構図作り以外にも、さまざまなシーンで役立ちます。アイデア出しの叩き台として抜群のツールです。また、素材がなければ生成するといった使い方もできます。

DALL-Eで 図工の構図を生成

こう 作れる!

DALL·E

夕焼け空を舞う隼

This technology is new and improving, please check its accuracy and **report these images** if they don't seem right.

↻ Generate again

Go back

テキストで指示して隼の絵を生成

「夕焼けを舞う隼」と入力しGenerateをクリック、見事な絵ができました。

創造力のジャンプ台としてのAI

AIは創造力のジャンプ台としての機能を持っています。自分では考えつかないようなアイデアを提示してくれます。そこから好きなものを選択し自分なりの工夫を加えることで、以前なら到達できなかったところにリーチできるようになります。

POINT

アプリから「DALL-E」を選択
生成したい画像のイメージをテキスト入力
「Generate」をクリック

CanvaでWebサイト作り

調理実習で作った料理で レシピサイトを作る

クラスで料理のサイト作りをしよう

家庭科での調理実習で子どもたちがレシピを作る活動はこれまでもありました。これを Web サイト、すなわち**「みんなに見てもらえるお料理サイト作りをする」**という目的意識のもと学習をすすめてみるのも Canva ならカンタンです！

▶▶ やってみよう！

ホーム画面の検索窓に「Web サイト」と入力して検索し、よさそうなテンプレを選択します。好きな素材を使ってページ全体のデザインをします。通常のスライドと基本的には同じなので意外と簡単です。そしてレシピのページをどんどん複製します（**P26 の 11 参照**）。もちろん、共同編集が可能なので子どもたちが１人１レシピを作るような活動の展開ができます。

そしてテキストやオブジェクトをクリックすると指定されたページに飛ぶための設定をします。**それぞれのテキストやオブジェクトを選択し、「リンク」をクリックしたら飛ぶ先のスライドを選ぶだけで OK**。最後に上部にある**「Web サイトを公開」**をクリックをして URL を生成すれば、見事クラス専用のお料理サイトの誕生です。タブレットを持ち帰り、家庭で取り組んだ料理の写真を使うような活動にしても素敵ですね。

Webサイト

Webページのテンプレを使い
お料理サイトづくり

こう作れる！

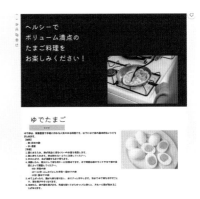

手軽に本格的なHP！

CanvaでWebページまで作れるの？　最初はそんな気持ちでしたが、いざ試してみるとめちゃめちゃ本格的なものが作れることがわかりました。学校の調理実習で学んだことを生かし、できる子は家でもやってみて、その写真を素材にチャレンジしました。家庭科だけでなく、理科で図鑑ホームページを作ったり、社会で歴史上の人物ホームページを作ったりしても面白そうですね。

┤ **POINT** ├

「Webサイト」のテンプレを選択し、デザインを整える
料理のページを作り、リンクを貼る
Webサイトを公開する

音楽の鑑賞カードをCanvaで

音楽鑑賞をして表現もする

鑑賞カードをクラウドで

音楽の鑑賞カード、これまで印刷したものに、子どもたちが鉛筆で書き込む形がおそらくずっと続いてきました。これも Canva に置き換えることでさまざまなメリットが生まれます。**表を作成し、視点を示して鑑賞するだけでなく、感じたことを表現するような活動も可能になります。**

▶▶ やってみよう！

まず、Canva のスライドを使い、シンプルに鑑賞の表を作成します**（P76 参照）**。さらに音楽からイメージしたスライドを各自で作ることもしました（子どもたちが書き込むスライドの準備は **P26 の 11 を参考にページの複製を行う**）。これまでは文章だけで感じたことを表現していましたが、音楽を聴いてイメージした様子や感じたことを「素材」（画面左端の「素材」アイコンをクリックするとさまざまな素材が出てくる）等をフル活用し、グラフィカルに表現することができるようになります。

また、鑑賞する曲の YouTube のリンクを埋め込むことで、子どもたちは何度も気になるところを鑑賞するといったこともできます。そして、その音楽に合わせてアニメーションにする活動にしても面白いです。

なお、このように個別に視聴するような活動のためにイヤフォンを全員分購入しています。200 円ぐらいで買えるのでおすすめです。

テキストでイメージを描き、感じたことを表現

埋め込んだYouTubeの動画

	感じたこと	気づいたこと	表現
白鳥	ずっと音が繋がっていて、バイオリンみたいな音と16分音符がずっと流れてい。風の流れに乗っているような曲でした。	静かな感じで、そんなに早い曲ではなくきれいなメロディで流れています。ドラマの別れのところのシーンの音楽みたいです。	白鳥が空を飛びそうな感じの曲でした。空を飛んで、少し経ったところっぽいです。曲のついでに小さい音で違う楽器が鳴っていました。
堂々たるライオンの行進	白鳥とは違い元気な感じで、静かではんく、ピアノの音が流れて来るから曲の変わり目かなかと思いました。	ライオンを守るような感じで行進している気がします。音符が和音で連続で鳴っていました。和音の時は、スタッカートがきいている気がします。	偉い人が何かを守りながら戦っている気がします。

音楽を聴いて感じたことを表現

音楽を聴いて、視点ごとに感じたことや、気づいたことを書き込む「素材」の「線と図形」の「図形」(P74)を使ってイメージをふくらませても。

┤ **POINT** ├

スライドを作成し、子どもたちにシェア
音楽を聴き、感じたことをテキストや素材で表現
YouTube を埋め込むことで何度も視聴することが可能

Canvaなら書写の見本も自由自在に

習字お手本メーカーで
主体的に

お手本を作ると多くのメリットが

　習字を学習する上で面倒なのがお手本や練習の紙を印刷することです。でも、**フォントが豊富な Canva なら、お手本を作ることも簡単にできます。**また、子どもたちそれぞれで異なる自分の名前のお手本も作れることもメリットに挙げられます。そして、自分が描いた作品の写真とお手本を重ねてみることで、よりきれいに書くためのツールとしての活用も可能です。

▶▶ やってみよう！

　お手本メーカーのベースとなるのは「A4」のテンプレです。ホーム画面の検索窓に「A4」と入力して検索して出します。この真ん中にフォント「Ｓモトヤ大楷」、フォントサイズ 400 **（フォント選択は P24 の 5 参照）**、Ｔ↓ **（P34 参照）** で縦書きにすれば OK です。名前の見本は同じく「**Ｓモトヤ大楷**」、文字サイズを 80、文字間隔 200 にすればちょうどよい感じになります。

　これなら、お手本以外の漢字を書きたいときにも、お手本を子どもたちが自由に作成できるため、主体的で多様性のある習字の学習が展開できます。

　なお、さらに書いた作品の写真を貼り付け、**透明度**を 80% 程度にして **（P88 参照）** お手本と重ねると、改善ポイントを見つけることにもつながります。

こう作れる! 書きたいお手本を自由に作成できる!

1　2　3

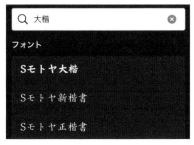

このフォントの多彩さ

モトヤ大楷を紹介しましたが、それ以外にも本当に多彩なフォントがCanvaにはあります。子どもたちに好きなフォントを選んで書かせてもよいかもしれませんね。

┤ POINT ├

「A4」のテンプレでスタート

「Sモトヤ大楷」のフォントを選択し、文字サイズと文字間隔を調整

作品を半透明にして手本と重ねてチェックすることも

地図を共同編集して拡大印刷
共同編集で
巨大マップ作り

ワクワク巨大マップ作り!

　総合的な学習の時間や生活科では、学んだことを模造紙にまとめて掲示するような活動をよくしていました。この活動を Canva の地図の素材を使って共同編集することで、よりクリエイティブな学びの実現ができます。校区、市町村、都道府県、世界と広がっていく学びを地図にまとめ、拡大印刷をして掲示することで他学年の子どもも見るので制作意欲が高まります。

▶▶ やってみよう!

　4 年生の都道府県の学習なら、地方ごとに 1 枚のスライドを作成し、47 都道府県を全員で分担します。そして 1 都道府県あたり 3 つの視点で「素材」を配置し、特色を表現しました。そして全ての地方を拡大印刷し、ポスターのように校内に掲示しました。

　6 年生では修学旅行で三重のスペイン村へ行くという必然性からスペインについて学びました。観光地、グルメ等、テーマごとにチームに分かれて調べたことをもとに「素材」を配置しました。

　さらに特色を紹介するショートムービーを作り、地図のポスターに QR コード（P118 参照）で埋め込むこともしました。

テーマごとに共同編集でスペインの マップ作り

本質に時間をかける

これまでの壁新聞は鉛筆で下書きをし、マジックで上からなぞり書きをするといった、本質とは関係ない作業に時間をかけていました。でも、この方法ならよその教科や領域の狙いに即した活動をする時間が確保できます。

┤ POINT ├

地図に素材を配置したスライドを作成
共同編集で自分の担当箇所を制作
拡大印刷して校内に掲示

Column 4

Canvaで時空を超えて学び合う

ICT、ICT、耳にタコができるぐらいここ数年叫ばれた、このICT。このCって、CommunicationのCなのです。これまでは同じ教室の中でしか、子どもたちはコミュニケーションをとることができませんでした。でも、ハードとソフトが整備されてきた今なら、見たこともない行ったこともない遠い地の教室とつなぎ、コミュニケーションをしながら学ぶことが可能になります。

現在、僕の6年生のクラスでは、スペインのバルセロナ日本人学校とつながって学び合うことをしています。きっかけは修学旅行。京都府の学校はよくスペイン村に行くのですが、ほら、全然知識とか関心とかがない状態で行っても、ただの遊園地なんですよね。でも、スペインのことをある程度知っていたら、「あぁ！これがフラメンコか！」「あ！闘牛だ！」みたいになるわけです。せっかくなのでスペインの学校と学べたら楽しいなあと思い、声をかけて実現させることができました。

Canvaの共同編集ならリンクをシェアするだけで、どれだけ距離が離れていようが、時差があろうが、コミュニケーションをしながら学び合うことができます。

うちのクラスの23人とバルセロナ日本人学校の子どもたちで、さまざまな国を担当し、世界に一つの世界地図を作るプロジェクトに取り組みました。こういったスペシャルな場の設定が、簡単にできるのです。

Canvaは時空を超えます。そんな学びをぜひ日本中でできたらなぁと願っています。

第 5 章

教師の働き方にも効く！

Canvaを
効率化へ活用

子ども一人ひとり自分だけの音読カードを作る！
PDF印刷が最強！

PDF印刷で生産性アップ

　GIGA スクール構想がスタートして以降、子どもたちの成果物がデジタル化されるシーンが多くなりました。でも子どもたちそれぞれのデータを送ってもらって、開けて、印刷するのは大変…そんなときに役立つのが Canva の一括 PDF 印刷です。この方法を使えば**印刷にかかる手間は数倍〜数十倍楽になります**。

▶▶ やってみよう！

　ここでは音読カードを例にします。4 月のはじめ、一つのデータを共同編集するチュートリアル的にこの活動を入れることをおすすめします。
　まずはスライドを作成（P22 〜 29 参照）し、ページを複製（P26 の**11**参照）し、子どもたちに共有（P36 参照）します。
　子どもたちは自分の名簿番号と同じページで自分の音読カードを作ります。
　全員が完成したら、画面右上の「共有」→ダウンロード→ファイルの種類→ PDF（印刷）で保存、それをプリンターから全員分を一気に印刷します。
　なお、カラー印刷はコストがかかりますが、インクジェットタイプのものを一台用意すれば、レーザータイプより印刷に時間はかかりますが、かなり安くなるので、設置することをおすすめしています。
　廊下等に A4 のクリアファイルを無数に貼っておき、子どもたちが自分で掲示できるようにしておくと働き方的にも Good です。

PDF（印刷）
印刷に最適

CanvaでPDF一括印刷！

子どもたち一人ひとりが作った音読カード

1

2

3

7

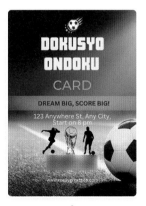

8

9

子どもたちがクラウド上で作ったデータも、PDF化すれば一発で印刷完了！

┤ **POINT** ├

スライドを子どもたちに共有
PDFで保存しダウンロード
プリンターで一括印刷

研究授業の指導案、授業動画、事後研も全てOK！
研究授業資料を
オールインワン

動画を分割アップロード

　これまで研究授業をするとなると、指導案を紙で印刷して配付、授業の動画をビデオで撮影、そして事後研では模造紙と付箋でKJ法をするなど、情報があちこちに分散しがちでした。そういった問題を解決するのが指導案や意見をCanvaのスライドに集約する仕組みです。

▶▶ やってみよう！

　Canvaでは研究授業の資料関係をひとまとめにする方法について考えます。まずCanva上で資料を作成（P22〜29参照）し、表紙に授業者の名前を入れます。指導案のデータや、当日の授業の映像もアップロード（P26の10参照）して入れ込みます。そして事後研用に、スライドをグループの数だけページを複製して作り（P26の11参照）、KJ法等を使って意見を交流する形をとりました。

　なお、授業動画等の長い動画をアップロードする際には、ある程度の長さで細かく分割するほうがベターです。あとで見る際に大変になるためです。

　動画をアップロードする方法は簡単（P26の10参照）。「アップロード」から「動画」を選択、端末の中にある動画データを選択し、アップロードするだけです。細かい注意点ですが、撮った動画をそのままCanva内に埋め込むだけだと他のユーザーからは静止画になってしまいます。

アップロード

こう作れる！

Canvaで研究授業資料を
オールインワンすると便利

授業動画をアップロード

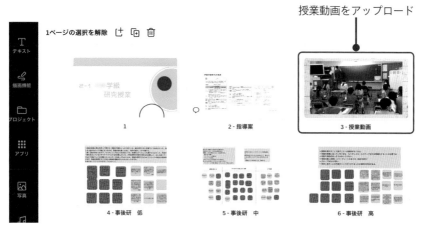

Canvaでオールインワン

指導案、授業の動画、事後研究会等を一つにまとめた例です。あちこちに散らばっていたデータがひとまとまりになり、印刷も不要になるので、かなりの時短になります。地球からも感謝をされるでしょう。

アップロードしたデータの整理

たくさんの写真や動画のアップロードすると、だんだん整理が難しくなってきます。そこで、よく使うデータには名前やタグ付けをすることをおすすめします。これで検索でいつでも呼び出すことができます。

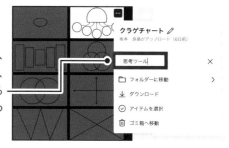

┤ **POINT** ├

表紙を作成
指導案や授業動画をアップロード
話し合い用のスライドを作成

保護者が感想も伝えられる！
保護者向け掲示物に QRコードを

Canvaのアプリ QRコードなら埋め込みも一発

　夏休みの作品展や、版画展などの行事を体育館で実施することは多いのではないでしょうか。これまでは入り口に感想用紙を置いておき、保護者の方に鉛筆で感想を書いていただいていました。**でもアンケートフォームを QR コードに埋め込めば保護者の方はスマホから簡単に感想を送れて、準備もラクチン。**Canva なら簡単に QR コードも作ることができます。

▶▶ やってみよう！

　まずは作品展のイメージにあったテンプレを選びます。アート系はデザインがとくに豊富なのですぐに素敵なものが作れると思います。次に感想専用のフォームを Google フォームや Microsoft Forms で作成して URL を取得します。そして**アプリの「QR コード」を選択し**（アプリの呼び出しは P27 の **13** 参照）、**URL を入力、QR コードを生成すれば OK。この QR コードを掲示物内に埋め込めば完成です。**毎年実施するのであればラミネートして活用することで、その後、ずっと使えるようになります。もちろん、QR コードのリンク先のフォームも毎年使い回すことが可能です。

　なお QR コードの取得自体は Google フォームや Microsoft Forms で直接できます。また、他の QR コード作成サイトで作ることもできます。この「QR コード」アプリの汎用性は非常に高く、ぜひ子どもや職員の方がさまざまな活動や校務をする中で、必要に応じていつでも使えるようにしておくと吉です。

QRコード

こう作れる！ Canvaで作るQR埋め込み型 掲示物を会場に貼ると便利

このポスターを展示会場に貼りました。

有都小
夏休み作品展

ご感想は
こちらから

「ご感想はこちらから」のQRコードを読み込むことで、保護者の方はスマホから感想を送ることができるように！

QRコードの可能性

QRコードはデジタル世界とアナログ世界をつなぐゲートのような存在です。子どもたちが自分でQRコードを生成し、成果物に埋め込めるようになると、その二つの世界がつながるようになります。

┤ POINT ├

作品展に合ったテンプレを選択
QRコードを掲示物に埋め込む
ラミネートすれば何年も使えるように

研修会等のレポートもラクラク！
Canvaでレポート作成

ぼかし機能で個人情報を保護

地域の学校の校務分掌の担当者が集まる研究会でレポートを提出するようなシーン、よくありますよね。これもぜひ Canva で作ってしまいましょう。できれば子どもたちの様子も載せたいところですね。でも、顔や名前が判別できてしまうと個人情報の観点から難しくなります。これを解決してくれるのが、「ぼかし」という機能です。

▶▶ やってみよう！

ホーム画面の検索窓から「A4」のテンプレを検索・選択し、早速レポートを作っていきましょう。その中で子どもの写真もアップロード（**P26 の 10 参照**）してレポートに挿入します。

ここで写真のぼかし作業に入ります。**ぼかしを入れたい画像を選択し「画像を編集」をクリック。すると、「ぼかし」が選択できるようになります。**写真全体にぼかしを入れたいときには、「**自動**」をクリックするだけです。その後「**輝度**」をバーで調整してぼかしの強弱をコントロールします。

また名前など、写真の一部だけをぼかしたいときには「**＋ぼかし**」をクリックし、ブラシでなぞっていきます。「**輝度**」「**スプレッド**」「**ブラシサイズ**」をバーで調整することで、より適切に効率的にぼかし作業ができます。

ぼかし

Canvaで個人情報にぼかしを入れる

令和5年2月

サードパーティアプリを活用した社会科実践レポート

有都小学校　坂本良晶

1 Padlet（教育版掲示板アプリ）

GoogleMapに連動した「Map」のアプリで全国の特色について投稿

「シェルフ」のボードを活用し、毎時間導入で資料を提示し意見を共有

2 Flip（教育用ショートムービー投稿アプリ）

資料について15秒で説明する課題。宇治茶の手もみ製法と機械製法のメリットとデメリットを比較して説明する様子

資料について15秒で説明する課題。宇治茶という名前にも関わらず生産量が京都府で5位という点に着目して説明する様子

3 Kahoot!（教育用クイズアプリ）

巨椋池クイズ

巨椋池に関するクイズをチームで作成し、全員でクイズを解き合う活動

お互いの自治体の水害対策について遠隔で交流した岐阜県の学校の子どもへ、リアルタイムでクイズを出題

顔写真にぼかしを入れることで個人情報を保護！

AI消しゴム「Magic Eraser」

ぼかし以外にも役立つツールがあります。それが「Magic Eraser」、Google のスマホのCMでおなじみのアレのCanvaバージョンです。写真を選択し、Magic Eraser で消したいものをこすればあたかもそれが無かったかのようになる魔法の消しゴムです。

Magic Eraser

POINT

「A4」テンプレでレポート作成
写真を挿入
ぼかし機能で個人情報を保護

Canvaで
クラウド委員会ノートを

委員会ノートをクラウド化

　委員会やクラブって、いくつものクラスや学年をまたぐ関係でさまざまな調整が難しいですよね。そして月1回しかないものだから、ノートに書いたこともよく覚えていない…。僕は放送委員会を担当することが多いのですが、**Canva のクラウド委員会ノート**を作ることで多くのメリットが生まれました。

▶▶ やってみよう！

　まずはスライドを作って（**P22 〜 29 参照**）子どもたちに共有（**P36 参照**）します。クラス以外の子どもたちに共有する場合、Teams や Classroom に登録していない場合があります。そんなときに便利なのが QR コード共有です。**共有→もっと見る→ QR コード**で、QR をすぐに生成させることができます。それを大画面に映して共有すると、地味に便利です。

　これにより、当番表や活動計画表を作って、共同編集することができます。新たな企画をするときには企画のページを作ることですぐに活動に移れます。

　右頁の写真は新しく入学した1年生を紹介する放送委員会の企画です。誰が誰にインタビューするのかを決めて、記録をここにする形になりました。

共有

ブランドテンプレート	プレゼンテーション	プレゼンと録画	閲覧専用リンク
Webサイト	埋め込む	テンプレートのリンク	クリップボードにコピー
QRコード	フォルダーに保存	スマートフォンに送信	見るためのリンクを共有する

クラウド委員会ノートなら、全ての活動がスムーズに

こう作れる！

1年生の紹介アンケート用紙
名前

名前	地域	好きな食べ物	好きなキャラ

教師目線でも非常にGOOD！

これまでの委員会って、たとえば児童集会で発表する際には、紙に書いた原稿を担当の先生の教室まで行ってチェックしてもらって…。でも、Canvaの委員会ノートなら、どこにいてもチェックしてコメントで削除できたりして本当に便利です。また大画面で映すことで話し合いもとてもしやすくなります。

POINT

スライドを作成してQRコードで共有
当番表や活動計画表を共同編集
新しい企画もすぐにシートを作って共有

Canvaで親睦会
Canvaでお手軽親睦会

Canvaで素敵に盛り上げる!

　どこの学校でも親睦会って仕事あると思います。僕も何度かやっているのですが、この仕事って地味に大変…。でも、**Canva を使えばスライドで簡単に盛り上げたり、席札を作ったりできます**。そして、新任の先生に知らず知らずのうちに Canva をはじめとした、ICT 活用について体感してもらうというステルス GIGA 研修としてのミッションも可能に!?

▶▶ やってみよう!

　これまで実際に僕がやってきた Canva を使った親睦会での活用を紹介していきます。まずは**進行用のスライドの作成**です。ここまでお伝えしてきた通り、**スライド作成（P22〜29 参照）、アニメーション（P94 参照）**など、全て短時間で作ることができるので、忙しい時期でもなんとかなります。

　そしておすすめなのが「オーディオ」から BGM を入れること（「素材」から「オーディオ」を選ぶ。P68 参照）。これで食事をしながらの歓談中の雰囲気をよい感じにしてくれます。おすすめの曲は Ukulele Song と Happy Whistling Ukulele です。ありとあらゆる明るいシーンにマッチするのでヘビーローテーションです。

　スライド以外にも、席札、名札、行事の告知用のチラシ、そしてお別れのメッセージ作りなど、数多の場面で Canva を活用してきました。

　また卒業生の祝辞なんかも Canva を使えばかなりおしゃれなものがすぐに作れます。

親睦会のスライドをおしゃれに簡単に

← オーディオからBGMを入れる。

「Melody Muse」で音楽をAIで生成！

Canvaで使えるアプリにはMelody Museという音楽生成AIがあります（アプリの呼び出し方はp27の⑬参照）。曲の雰囲気やテーマをテキストで指示するだけであっという間に生成できます。最大10秒まで生成可能。
「summer wonderful day」などと指示すると明るい曲が、右の画像のように「kyoto rain sad」と指示すると物悲しい感じの曲が生成されました。

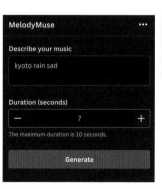

Melody
Muse

POINT

親睦会行事用のスライド作成
BGM も入れてみよう
メッセージカードや席札等の小物もすぐに作れる

Canvaで自分の名刺を

教員も名刺をつくってみよう!

　僕も以前はそうでしたが、教員のほとんどの方は名刺を持っていません。民間企業ならみんな持っているものなので、教員も持ってよいと思っています。校外学習や出張授業等で外部の方とやりとりもある仕事です。また教育イベントに参加したりしたときにも名刺交換をするシーンはよくあります。**Canva ならおしゃれな名刺が安価で作れて、家まで送料無料で届きます。**

▶▶ やってみよう!

　ホーム画面の検索窓で「名刺」を検索し、好きな**「名刺」**のテンプレを選択します。もう最後のページなので、細かいことはもう大丈夫ですよね。**氏名、所属校、電話番校などを記載**するといいでしょう。ここでのポイントは、**メールアドレスを必ず入れる**ことです。校外学習の打ち合わせ等で、資料をやり取りすること多いですよね。これ、ほとんどの場合、今でも FAX なのです。僕はとにかく FAX が嫌いです。あれほどまでに生産性を下げる道具を使わざるを得ない現状に膝から崩れ落ちそうになるぐらい…。

　そうならないために、打ち合わせの段階で担当者の方としっかりと名刺を交換します。そしてやり取りはメールですることをお願いしましょう。そうすることで、手書きをして FAX で送信するという苦難から解放されます。

高品質な欧米サイズの名刺にデザインを印刷する

3.5 x 2インチ・横

Canvaならおしゃれな名刺が すぐ作れて、自宅に届く

こう作れる!

名刺だけでなくなんでも作れる

Canvaで作ったものは名刺以外にもステッカー、トートバッグ、マグカップなど、たくさんのグッズをロゴ入りで作って郵送してもらうことができます。実際にクラスのロゴステッカーを作ってみました。

┤ POINT ├

名刺テンプレで作成
メールアドレスは絶対に
申し込めば自宅に届く

著者紹介

坂本　良晶（さかもと　よしあき）

1983年生まれ。Canva Japan／Canva Education Senior Manager。元京都府公立小学校教諭。Teacher Canvassador（Canva認定教育アンバサダー）。マイクロソフト認定教育イノベーター。EDUBASE CREW。大学卒業後、大手飲食店チェーンに勤務し、兼任店長として全国1位の売上を記録。教員を目指し退職後、通信大学で教員免許を取得。翌年教員採用試験に合格。2017年、子どもを伸ばしつつ、教員の働く時間を減らそうという「教育の生産性改革」に関する発信をTwitterにてスタートし、現在フォロワー数は4万4000を超える。Watcha!や未来の先生フォーラム、さまざまなイベント等でスピーカーとして登壇。二児の父。著書に『さる先生の「全部やろうはバカやろう」』『図解でわかる！　さる先生の「全部やろうはバカやろう」実践編』『これからの教育を面白くする！　さる先生の学校ゲームチェンジ』『生産性が爆上がり！　さる先生の「全部ギガでやろう！」』（以上、学陽書房）などがある。

執筆協力──阿部大樹先生（P70-71）、ぺち丸さん（P29）

授業・校務が超速に！
さる先生のCanvaの教科書
基本からAI活用まで！

2023年 8 月16日　初版発行
2024年10月10日　 9 刷発行

著　者 ──── 坂本良晶

発行者 ──── 佐久間重嘉

発行所 ──── 学 陽 書 房

　　　　　　〒102-0072　東京都千代田区飯田橋 1-9-3
編集部 ──── TEL 03-3261-1112
営業部 ──── TEL 03-3261-1111 ／ FAX 03-5211-3300
　　　　　　http://www.gakuyo.co.jp/

本文デザイン／能勢明日香　カバーデザイン、P22-29デザイン／吉田香織
本文DTP制作・印刷／精文堂印刷　製本／東京美術紙工